私でも面白いほどわかる

決算書

別冊宝島編集部 編

宝島社
文　庫

宝島社

目次

目次

編集協力・工房ポラーノ
筆者・新井香伊／おかひろみ／影山紀子／瀧本英雄
千葉日比魚／中津川詔子／米田徹

【決算書を読めないあなたのために】――

矢島雅己（公認会計士）インタビュー

「決算書は難しく考えることはありません！」

> **矢島雅己**
> （やじま・まさみ）
> 55年生まれ。矢島公認会計士事務所を開設。現在ジャスネットコミュニケーションズ株式会社代表も兼ねる。

関係する会社の成績をわかるのとわからないでは大違い

――いままでは一般のサラリーマンは、営業なら営業、製造なら製造という自分の職分だけに専念して、自分の会社の決算書がどうなっているかに気を使わなかったようですね？

矢島　気を使わなかったというより、サラリーマンとして知識に欠けていたんでしょう。ただこれまでは、欠けていても良かったんですよ。欠けていても、定年まで突っ走ればなんとかなったわけですから。

ところが今は、ちょっと立ち止まってふり返る必要が出てきた。自分という人間が会社や業界という土俵の上で、どれくらいの市場価値があるかを判断する必要が出てきたんです。

これまではただただ先輩に引っ張られて登っ

決算書が読めないと不利な時代

てきただけ、会社のそれまでのやり方を踏襲してきただけで済んだんです。でも自分がやってきたことが、会社の帳尻にどういう結果として残っているのかがわからない。今となっては、そんなこともわからないのかということになった。リストラされて再就職するときにも、会社というものをどう判断するのかがキーとなり、決算書くらいは理解しなければという機運が生まれてきたんだと思います。

――一般のサラリーマンにとっても、決算書が欠かせないものだという時代になってきたわけですね。

矢島　そうですね。決算書は会社の動きそのものを数字に表したものですから、まあ、一種の会社の成績表みたいなものなんです。自分の会社、取引先、またはこれから勤めようとする会社、そのどれを判断するのにも役立つものといえます。ビジネスの世界に身を置く限りは、それぞれの会社の成績を分析し、知っておくことが必修科目のようなものとなったんです。

ただ、決算書を読むんだからといって、簿記の勉強から始めようとする人がいますが、これはまったく必要がありません。作るのは専門家に任せておけばいいのであって、基礎知識さえあれば充分なんですよ。深い知識じゃなく、あくまでも会社の成績の決め手部分を押さえられればいいんです。

会社の成績が具体的な数値となる

――その成績の決め手部分というところを、もう少し具体的にお話し下さい。

矢島　決算書は会社の成績というか、活動そのものと言ってもいいでしょう。重要な決算書に、損益計算書というのがありますが、それは営業でも製造でも、毎月の売上がいくらになったとか、どれくらい製造目標に達したとか、棒グラフにして張り出したりする会社も多いでしょうが、例えていうと損益計算書はそうした会社の実務活動を1年分にまとめているものです。

それによっていくら売り上げたのか、いくらの利益が出たのか。利益とひとことでいっても、じつはいろいろな利益がありますが、そのひとつひとつの数値が表わすものを、読みとればその会社の成績、1年の活動のおおよそが見えて来るんですよ。

社会から求められる営業品目やサービスかどうか

――とすると損益計算書をまず見ろと？

矢島　そうです。一般のサラリーマンが決算書を見るとき、まず損益計算書を見るといいと思うんです。なかでも損益計算書の粗利益（売上総利益）と、そこから算出される粗利益率（売上総利益率）を最初に見てほしいんです。なぜかといいますと、粗利益が売上に対して多く、粗利益率が高いということは、会社の社会的な存在価値、付加価値の高さを示す率だと考えられるからです。

粗利益が大きいということは、その会社の営業品目やサービスが、社会から求められているということになります。時代が求めている商品

決算書を見れば危ない会社かどうかわかる

やサービスを提供しているわけで、時代のニーズに対応した会社、つまりいい会社と判断していいわけです。

——なるほど。売上が大きくて、純利益（当期利益）がたっぷり出ていればいいというわけじゃないんですね？

矢島　売上は大きい方が望ましいですけれど、それに比して粗利益が出なければ困りますからね。損益計算書は上から順にいくつかの利益が並んでいますが、次に重要なのは一番下にある税引後利益（当期利益）だと思います。

税金を社会的費用と考えると税引後利益は、その1年に会社が得た本当の利益ですから、ここがしっかりプラスになっていて売上に対しても大きいことが理想なんです。

貸借対照表は会社の外観 身長、体重、胸囲を表す

——決算書というと、まず貸借対照表かなと思う人も多いようですが？

矢島　そうですね。貸借対照表は一定の時点（通常決算期末）での、会社の財産そのものを表わします。どこから資金をどんな形で集めたか、会社がその資金をどのように使ったかをまとめたものなんです。会社の外観を人間の体に

例えれば、身長、体重、胸囲みたいなもので、大きくてバランスがよければ理想でしょう。

　一般のサラリーマンが、貸借対照表を見るときにはまず、流動資産を流動負債で割って計算する「流動比率」を計算してみるといいでしょう。流動資産より流動負債が多いということは、会社がお金に困っているということでもあるんですから。

　短期間で処分できる資産が流動資産で、手元にある現金など動かしやすい資産です。一方、なるべく早く返さなければいけない借金が流動負債です。現金などが手元に少ないのに、返さなければいけない借金が多いと、流動比率が低いということ。これは文字通り、お金に困っている姿なんです。

――個人の財布もそうですが、会社もお金がないと心細い？

矢島　その通りです。会社というのはお金を使って、より多くのお金を生み出す組織なんです。お金は常に流れていなければならなくて、体にとって必要不可欠な血液みたいなものなんですよ。血液が流れなければ人間が死んでしまうように、お金が流れなければ会社も死んでしまうんですね。貸借対照表から求める流動比率の話をしましたが、キャッシュフロー計算書ならもっと具体的にお金の流れがわかります。

　人間も体のチェックをするとき、血液検査をしますよね。キャッシュフロー計算書というのは、会社を流れるお金という血液の検査結果と思えばいいんです。

　血液がサラサラ状態なら体にいいように、お金もサラサラと会社のなかを流れる方がいい。ドロドロになって詰まるようだと困るわけですが、キャッシュフロー計算書は簡単にいうと、そういうことを表わすものなんですよ。

――やはり会社にとって、投資したお金がどう戻ったかが重要ですものね。

矢島　アメリカの投資家などは、ディスカウント・キャッシュフローというのを重要視します。投資して儲けを出す、そしてそれをいつ、どんな形で、どれだけ回収したかを問題にする考え方なんです。もちろん、なるべく早く、現金で回収するに越したことはありません。

危ない会社を見抜くポイントを覚えてしまおう

損益計算書でいろいろ利益が計上されますが、それは現金としてその利益が出たことを表わしてはいないんです。最近の経営は現実的な回収を重要視しますから、キャッシュフロー計算書は今後ますます大事になってくるでしょうね。

含み資産などわかりにくさを克服する

――簿記的な専門用語も決算書理解のネックですが、簿上の利益とか、含み資産とかわかりにくいんですよね。

矢島　その通りですね。売上を伸ばして、利益が出れば経営が完結するという時代ではありません。資産を購入した価格で計算したり、従来の決算書は現在の価値を表わしているわけではないんです。最近になって、アメリカ的な考え方から、経営にもキャッシュフローの考え方が取り入れられ、納入品の売上金回収、資金の動きをより正確につかむことが求められています。

資産も含みで計算するのでなく、時価評価にしたり。そういう意味でもキャッシュフロー計算書は、お金の流れベースで会社を見られる利点があります。

――もうひとつ、時代の流れがスピーディなのに、決算書が1年単位というのもどこか間延びしていませんか？

矢島　とりあえず、初めて決算書を見るというサラリーマンは1年の決算書に取り組めばいいでしょう。しかし仰るとおりにスピードの時代です。もう少し細かいスパンでというなら、上場会社などは中間期決算を発表するので、これをチェックするといいでしょう。1年単位のものももちろん、中間期決算もネットで簡単に入手できますからね。

中間期決算というのは、中間の成績だけでなく、次の1年間の予測や見通しも数値化されるので、会社の経営の様子をいち早く知ることができます。このスピードの時代に見逃す手はないと思いますよ。

大きければいい会社という間違いを教えてくれる

PART 1

サラリーマンは決算書を武器にしよう！

決算書を読めないまま、サラリーマンを続けることが難しい時代となった。危ない会社、安全な会社をいち早く見抜いて、取引などに生かさなくてはならないからだ。では、決算書とはどんなものなのか？　まずは決算書の外回りに、手探りを入れてみることにしたい！

- 決算書って
- 決算書の必要性
- 決算書の構造
- ネットで見る
- ３つの決算書
- 決算書の期間
- 貸借対照表
- 損益計算書
- キャッシュフロー計算書
- 決算書のポイント
- トヨタ
- ダイエー
- ユニクロ

01 決算書ってなに?

なぜいま決算書かを考えよう

大企業が続々と倒産し、失業率もどんどん高まっている昨今。自分の会社や取引先だけが安泰でいられる保証はどこにもないのが現実だ。一見、安定した経営を続けているように見えても、台所事情は火の車になっていることは珍しくない。

いずれにしろ、会社が倒産して一番割を食うのは真面目に働いてきた社員たちだ。ならば自分の身を守る術を身につけよう。その有力な武器が決算書なのである。わずかなポイントを押さえるだけで会社のおおよその台所事情がわかり、危ない会社、健全な会社を見きわめる有力な手段になるのだ。

むずかしくてわからない決算書
最初のうちはどんどん読み飛ばせ!
後からくり返し出てくるので
必ずわかるようになってくる!

貸借対照表の要旨

（平成14年３月31日現在）

（単位：百万円）

資産の部		負債及び資本の部	
科目	金額	科目	金額
流動資産	293,463	流動負債	56,638
現金・預金	103,394	支払手形	2,558
受取手形	6,736	買掛金	13,056
売掛金	58,594	未払金・未払費用	20,356
有価証券	104,124	未払法人税等	14,960
たな卸資産	16,966	その他	5,708
その他	4,076	固定負債	22,600
貸倒引当金	△427	退職給与引当金	21,209
固定資産	180,206	その他	1,391
有形固定資産	94,686	負債合計	79,238
建物・構築物	48,215	資本金	29,805
機械装置	11,784	法定準備金	22,386
土　地	22,529	剰余金	342,240
その他	12,158	（うち当期利益）	(29,601)
無形固定資産	15,277	資本合計	394,431
投資等	70,243		
投資有価証券	48,055		
その他	22,188		
資産合計	473,669	負債・資本合計	473,669

損益計算書の要旨

自　平成13年４月１日
至　平成14年３月31日

（単位：百万円）

科目	金額
売上高	229,571
営業費用	168,975
営業利益	60,596
営業外収益	4,309
営業外費用	89
経常利益	64,816
特別利益	39
特別損失	2,577
税引前当期利益	62,278
法人税、住民税及び事業税	32,677
当期利益	29,601
当期未処分利益	29,601

（注）①有形固定資産の減価償却累計額
98,094百万円
②1株当たり当期利益
85円67銭

キャッシュフロー計算書

○○ 株式会社

自平成13年４月１日
至平成14年３月31日

（単位千円）

Ⅰ営業活動によるキャッシュフロー	
1．税引前当期利益	716,600
2．減価償却費	17,000
3．投資有価証券売却益	-35,000
4．土地売却益	-150,000
5．固定資産売却損	30,000
6．売上債権の増加額	-25,000
7．たな卸資産の減少額	30,000
8．仕入債務の増加額	28,000
9．その他の資産、負債の増減額	-25,000
営業活動によるキャッシュフロー	586,600
Ⅱ投資活動によるキャッシュフロー	
1．定期預金の払戻しによる収入	30,000
2．有形固定資産売却による収入	300,000
3．有形固定資産取得による支出	-1,500,000
4．投資有価証券取得による支出	-800,000
投資活動によるキャッシュフロー	-1,970,000
Ⅲ財務活動によるキャッシュフロー	
1．短期借入金の純減少額	-300,000
2．長期借入れによる収入	1,500,000
3．長期借入金の返済による支出	-300,000
4．配当金の支払額	-150,000
財務活動によるキャッシュフロー	750,000
Ⅳ現金及び現金等価物の増減額	-633,400
Ⅴ現金及び現金等価物の期首残高	730,400
Ⅵ現金及び現金等価物の期末残高	97,000

決算書の例

重要な３つの決算書である貸借対照表、損益計算書、キャッシュフロー計算書は、こんな形で表記される。聞き慣れない言葉と数字が羅列されているように思えるけれど、本書を読み進むうちに、その意味がわかってくるはずだ。

ウチは業績好調だから大丈夫、と思っているアナタ。その業績とは、本業の業績だけを示しているのではないだろうか。しかしバブル時代の高い土地を今になって売り飛ばして損失を出したりすれば、いくら本業が好調でも経営危機はやって来るのだ。こうした水面下の動きも、決算書を見れば知ることができる。

ところで「決算書」と一口に呼んでいるけれど、実際はいくつかの表から成っている。これらを「財務諸表」というのだが、大事なのは貸借対照表、損益計算書、キャッシュフロー計算書の3つ。まず最初は、このことだけを覚えておけば十分だ。

どの表にも「貸借対照表」「損益計算書」「キャッシュフロー計算書」などのタイトルが必ず書かれているので、見間違えることはあり得ない。ともかく、まずは決算書を手に取ってみることだ!

私でも面白いほどわかる決算書の言葉

本書では同じことをくり返し説明しているので、わからない部分はどんどん読み飛ばしてもかまわない。しかしこの欄の脚注を読めば、たいていの疑問は解決するはずだ。

財務諸表《ざいむしょひょう》

決算書を構成する表類の総称。このうち損益計算書、貸借対照表、キャッシュフロー計算書が財務三表と呼ばれ、最も重要とされる。財務諸表にはほかに、営業報告書、利益処分計算書、附属明細表などがある。

要点はココ!!

いろいろあるけど貸借対照表、損益計算書、キャッシュフロー計算書が大事

財務諸表一覧

- ○貸借対照表
- ○損益計算書
- ○キャッシュフロー計算書

（以上３つ：財務三表）

- ○営業報告書
- ○利益処分計算書
- ○附属明細表

「決算書」は、専門的には財務諸表と呼ばれている。主に左記の６種だが、貸借対照表、損益計算書、キャッシュフロー計算書を特に財務三表といって重要視する。

貸借対照表《たいしゃくたいしょうひょう》
企業の期末における財務状態（資産・負債・資本の状態）を示す計算書。

損益計算書《そんえきけいさんしょ》
企業の一会計期間における経営成績を示す計算書。経営成績を収益と費用の形で示し、その差額としての損益を表示する表。

キャッシュフロー計算書《きゃっしゅふろーけいさんしょ》
企業のキャッシュ（現金）の変動を説明する財務表。上場企業には、２０００年３月期より、作成が義務付けられた。

02 会社には、業務の流れと財務の流れがある

仕事は忙しいのにお金が回らないのはなぜ?

朝早くから夜遅くまで社員が働いている会社は「景気がいい」と判断されがちだ。ところが、実際には経営が厳しいことが最近では珍しくない。

仕事が忙しくて借金もないのに、倒産してしまうのは、なぜだろう?

商品がどんどん売れるということは、それだけ原材料を仕入れなければならない。もちろん、仕入には費用がかかる。商品を売った代金をきちんと払ってもらっていれば、そこから仕入費用を出せるけれど、支払いまでの期間が長くてその間の費用を捻出できない場合は借金せざるを得ない。

その後、商品代金をきちんと払ってもらえれば借金も返せるのだが、そうでなければ焦げ付きが多くなり、銀行が貸さなくなる。やがて給

決算書はそもそも会社のお金のサイクルを見るもの

業務のサイクル

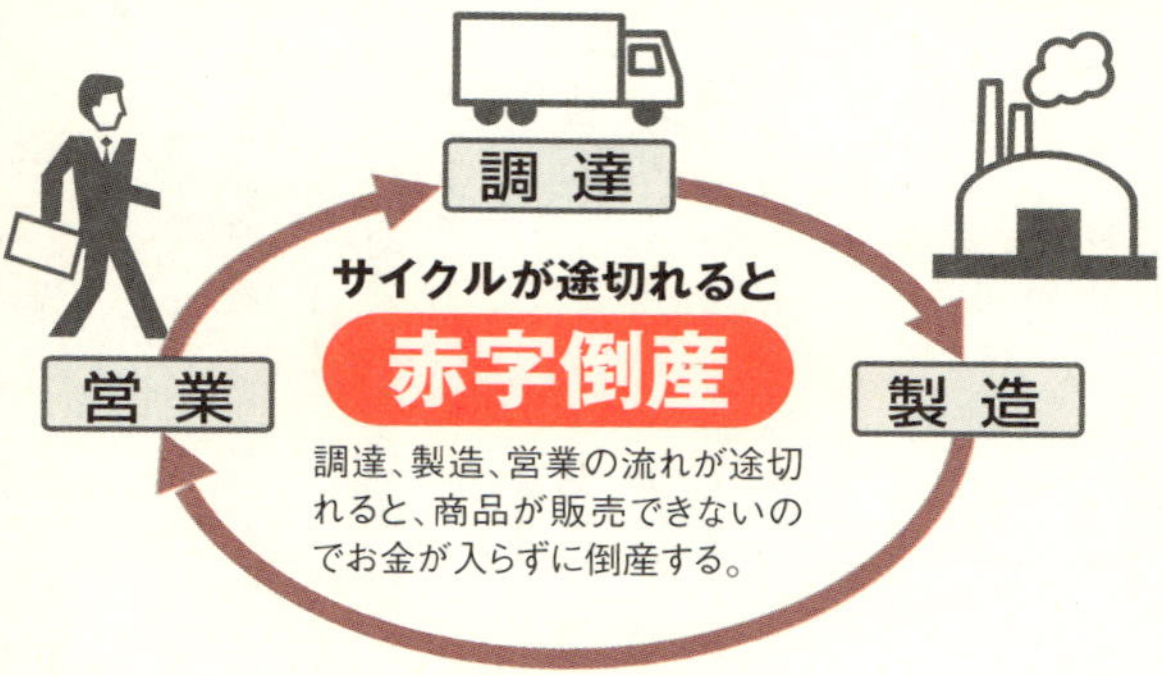
調 達
製 造
営 業
サイクルが途切れると
赤字倒産
調達、製造、営業の流れが途切れると、商品が販売できないのでお金が入らずに倒産する。

財務のサイクル

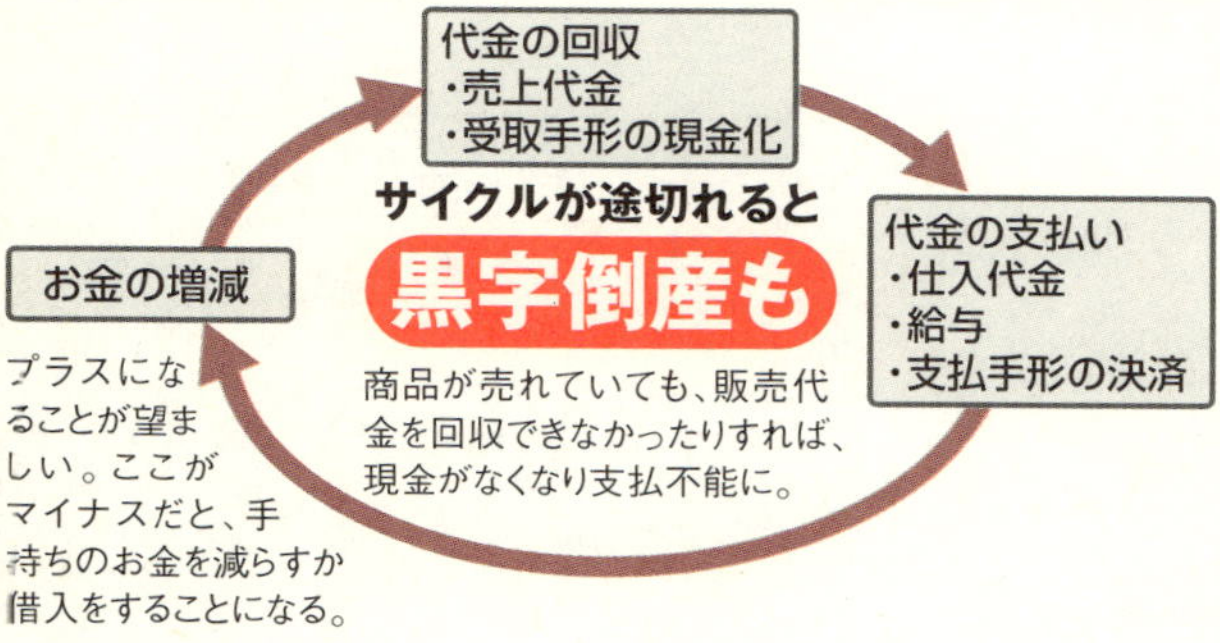
代金の回収
・売上代金
・受取手形の現金化
代金の支払い
・仕入代金
・給与
・支払手形の決済
お金の増減
プラスになることが望ましい。ここがマイナスだと、手持ちのお金を減らすか借入をすることになる。
サイクルが途切れると
黒字倒産も
商品が売れていても、販売代金を回収できなかったりすれば、現金がなくなり支払不能に。

●仕事もお金も回り続けなくてはならない

料や仕入代金の支払いにも事欠くようになって、ついには倒産――こういう会社は意外に多いのである。だから、このパターンには「黒字倒産」という名前がついているほどだ。

忙しくても経営が不調に陥ってしまう理由、なんとなく理解できただろうか。ようするに会社には「業務」と「財務」、ふたつの大きな流れ（サイクル）があるのだ。

材料を仕入れてモノをつくったり商品を販売したりする業務のサイクルと、販売代金の回収や仕入代金の確保、あるいは儲けた分を蓄えたりする財務のサイクルがうまく回って、はじめて会社の経営は順調といえるのである。

会社の本当の姿を知るには、業務と財務の両面から見る必要がある。

そして財務面から会社を見るための有力な手がかりが、決算書なのだ。

業務《ぎょうむ》
日常継続して行われる、営業上や職業上の仕事。会社が利益を生むための仕事。

財務《ざいむ》
借入をしたり返済したりなど、財産に関する事務のこと。

黒字倒産《くろじとうさん》
帳簿上では黒字を出していながら、資金回収の遅れで運転資金のやり繰りができず倒産すること。

要点はココ!!

財務のサイクルがストップすると業務のサイクルもストップし倒産の可能性も！

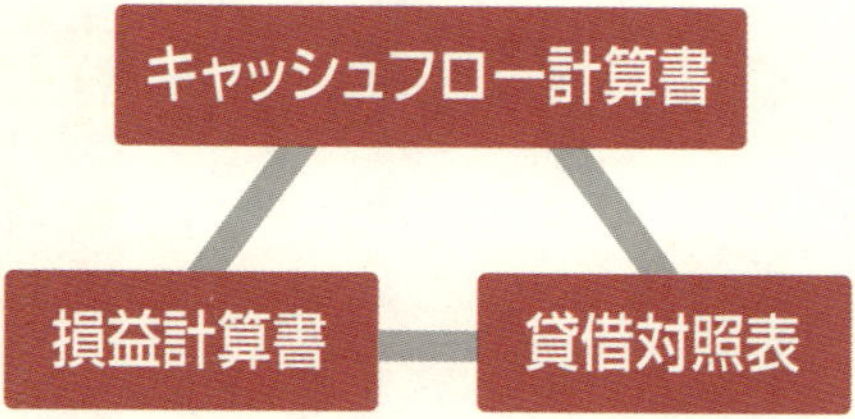

決算書の中でもサラリーマンがもっとも注目すべき3つの決算書を見れば、財務のサイクルがきちんと回っているかどうかがよくわかる。

キャッシュフロー《きゃっしゅふろー》計算書《けいさんしょ》

企業のキャッシュ（現金）の変動を説明する財務表。上場企業には、2000年3月期より、作成が義務付けられた。

損益計算書《そんえきけいさんしょ》

企業の一会計期間における経営成績を示す計算書。経営成績を収益と費用の形で示し、その差額としての損益を表示する表。

貸借対照表《たいしゃくたいしょうひょう》

企業の期末における財務状態（資産・負債・資本の状態）を示す計算書。

03 危険な会社が数字でわかる

数字はウソをつかない
決算書で知る会社の姿

左ページ上段は「貸借対照表の要旨」「損益計算書の要旨」である。要旨とは、決算書をかんたんに示しましたよという意味。

その下にあるのはキャッシュフロー計算書。現金や預金など（キャッシュ）の流れを表すもので、近年にわかに注目を浴びているニューフェースだ。

決算書は全部理解する必要はない。ポイントだけわかれば大丈夫

いずれの決算書も、聞いたことのないような言葉と数字の羅列のように思えるかもしれない。しかしこの無味乾燥に見える文字列から、会社の姿が読みとれるのだ。

たとえば、貸借対照表は左右2つの表から成り立っている。右側の「負債及び資本の部」は、自分で調達したお金（自己資本）と、よそから借りたお金（負債）で組み立てられる。

左側は「資産の部」と呼ばれており、ようす

貸借対照表の要旨

（平成14年３月31日現在）

（単位：百万円）

資産の部		負債及び資本の部	
科目	金額	科目	金額
流動資産	293,463	流動負債	56,638
現金・預金	103,394	支払手形	2,558
受取手形	6,736	買掛金	13,056
売掛金	58,594	未払金・未払費用	20,356
有価証券	104,124	未払法人税等	14,960
たな卸資産	16,966	その他	5,708
その他	4,076	固定負債	22,600
貸倒引当金	△427	退職給与引当金	21,209
固定資産	180,206	その他	1,391
有形固定資産	94,686	負債合計	79,238
建物・構築物	48,215	資本金	29,805
機械装置	11,784	法定準備金	22,386
土　地	22,529	剰余金	342,240
その他	12,158	（うち当期利益）	(29,601)
無形固定資産	15,277	資本合計	394,431
投資等	70,243		
投資有価証券	48,055		
その他	22,188		
資産合計	473,669	負債・資本合計	473,669

損益計算書の要旨

自　平成13年４月１日
至　平成14年３月31日

（単位：百万円）

科目	金額
売上高	229,571
営業費用	168,975
営業利益	60,596
営業外収益	4,309
営業外費用	89
経常利益	64,816
特別利益	39
特別損失	2,577
税引前当期利益	62,278
法人税、住民税及び事業税	32,677
当期利益	29,601
当期未処分利益	29,601

（注）①有形固定資産の減価償却累計額
98,094百万円
②1株当たり当期利益
85円67銭

キャッシュフロー計算書

○○ 株式会社

自平成13年４月１日
至平成14年３月31日

(単位千円)

Ⅰ営業活動によるキャッシュフロー	
1．税引前当期利益	716,600
2．減価償却費	17,000
3．投資有価証券売却益	-35,000
4．土地売却益	-150,000
5．固定資産売却損	30,000
6．売上債権の増加額	-25,000
7．たな卸資産の減少額	30,000
8．仕入債務の増加額	28,000
9．その他の資産、負債の増減額	-25,000
営業活動によるキャッシュフロー	586,600
Ⅱ投資活動によるキャッシュフロー	
1．定期預金の払戻しによる収入	30,000
2．有形固定資産売却による収入	300,000
3．有形固定資産取得による支出	-1,500,000
4．投資有価証券取得による支出	-800,000
投資活動によるキャッシュフロー	-1,970,000
Ⅲ財務活動によるキャッシュフロー	
1．短期借入金の純減少額	-300,000
2．長期借入れによる収入	1,500,000
3．長期借入金の返済による支出	-300,000
4．配当金の支払額	-150,000
財務活動によるキャッシュフロー	750,000
Ⅳ現金及び現金等価物の増減額	-633,400
Ⅴ現金及び現金等価物の期首残高	730,400
Ⅵ現金及び現金等価物の期末残高	97,000

次のページに
注目！

るに会社が得た利益や財産のこと。こちらは1年以内に現金化できる「流動資産」と、長期に保有する「固定資産」とに分けられている。

そして表の左右、すなわち「負債及び資本の部」と「資産の部」は同じ額になるというルールがある。ちなみに、この額は「総資本」と呼ばれる。

左ページはダイエーとイトーヨーカ堂の賃借対照表。総資本はダイエーの方が大きいが、資本（自己資本）はイトーヨーカ堂の方が圧倒的に大きい。さらにダイエーの資本はマイナスであることから、借金経営であることもわかる。

資本（自己資本）÷総資本＝自己資本比率

という、会社の健全性を示す公式があるが、この自己資本比率を見てもダイエーはマイナスとなり、イトーヨーカ堂のほうが圧倒的に数値は高い。

総資本《そうしほん》
会社が集めたすべての資本のことで、他人資本と自己資本から成る。

資本《しほん》
株式会社、有限会社の営業のため株主または社員が出資した基金の全部、または重要部分を示す一定の金額で、登記または貸借対照表により公示される金額。

流動負債《りゅうどうふさい》
決算日の翌日から1年以内に支払わなければならない負債のこと。

ダイエーの貸借対照表

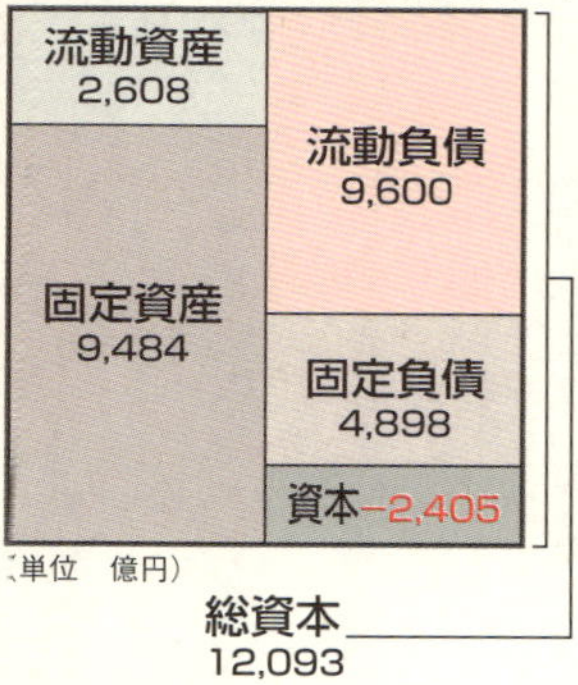

イトーヨーカ堂の貸借対照表

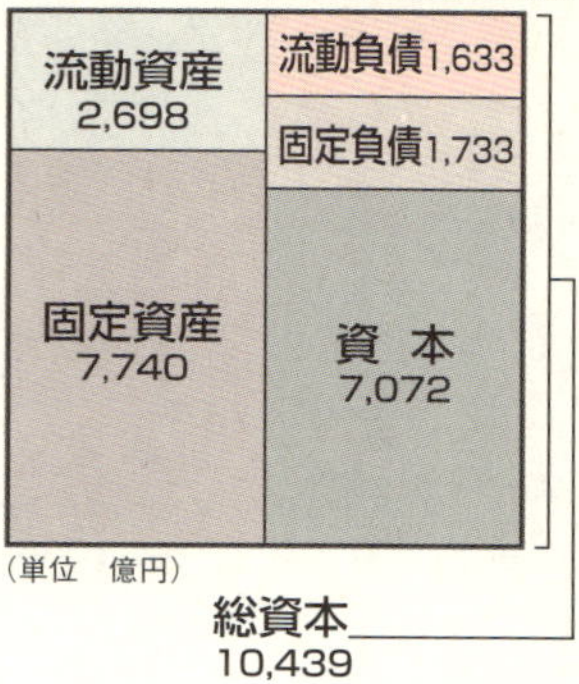

要点はココ!!

ポイントだけでも こんなに違いが目につく！

総資本　ダイエー＞イトーヨーカ堂

資　本　ダイエー＜イトーヨーカ堂

流動負債　ダイエー＞イトーヨーカ堂

上図は、ダイエーとイトーヨーカ堂の貸借対照表を単純化したもの。総資本ではダイエーのほうが大きいが、ダイエーは、返さなくてもいい資本がマイナスで、返さなくてはならない流動負債と固定負債（この2つを「他人資本」と呼ぶ）が大きく、ダイエーの借金経営ぶりがすぐにわかる。

04 決算書はどうやって手に入れる?

手間ひまかけずにネットで見よう!

大きな会社、つまり上場されている会社の多くは、株主総会後、新聞紙上に決算要旨公告を掲載している。２０００年3月まではこれが義務づけられていたが、商法が改正されてウェブなどで決算概要を公表すれば、要旨公告の必要はなくなっている。ただ、現在のところほとんどの会社が決算要旨公告を新聞掲載しているので、簡単な決算書はこれで見ればいいだろう。

とはいえ年に一度の掲載を待ったり、掲載日を調べて新聞のバックナンバーをコピーするのは手間だ。現実に、法改正を受けて日産、松下電器などが要旨公告を廃止していて、この方法も完全ではない。

実は上場している会社や、非上場でも注目を集めている会社ならば、たいてい自社のウェブサイトでより詳しい決算書を公表している。最近ではＰＤＦというファイル形式にしてダウン

インターネットでほとんどの会社の決算書が手に入る

■ユニクロの決算書をネットで見ると……

(4) 連結キャッシュ・フロー計算書

(単位：百万円未満切捨)

科目	当連結会計年度 自 平成13年9月1日 至 平成14年8月31日
	金額
Ⅰ 営業活動によるキャッシュ・フロー	
1 税金等調整前当期純利益	50, 445
2 減価償却費及びその他償却費	1, 941
3 貸倒引当金の減少額	△2
4 退職給付引当金の減少額	△105
5 受取利息及び受取配当金	△676
6 支払利息	406
7 為替差益	△95
8 有形固定資産除却損	709
9 売上債権の減少額	541
10 たな卸資産増加額	△647
11 仕入債務の減少額	△15, 367
12 その他資産の増加額	△2, 312
13 その他負債の減少額	△1, 733
14 役員賞与の支払額	△649
小計	32, 455
15 利息及び配当金の受取額	676
16 利息の支払額	△420
17 法人税等の支払額	△52, 073
営業活動によるキャッシュ・フロー	△19, 361
Ⅱ 投資活動によるキャッシュ・フロー	
1 有形固定資産の取得による支出	△5, 150
2 建設協力金回収	1, 505
3 建設協力金増加	△2, 938
4 敷金保証金回収	632
5 敷金保証金増加	△2, 290
6 預り保証金増加	244
7 預り保証金減少	△20
8 貸付金の増加	△53
9 関係会社への出資による支出	△1, 215
10 無形固定資産の取得による支出	△640
投資活動によるキャッシュ・フロー	△9, 927
Ⅲ 財務活動によるキャッシュ・フロー	
1 長期借入金返済による支出	△3, 000
2 短期借入金の純増	1, 809
3 自己株式の取得による支出	△12, 364
4 長期未払金の返済による支出	△143
5 配当金の支払額	△6, 732
財務活動によるキャッシュ・フロー	△20, 431

ユニクロ、すなわちファーストリテイリング社の決算書ページ。連結キャッシュフロー計算書だけでなく、さまざまな財務諸表が一括してＰＤＦファイルに収められている。

ロードできるようにするなど、簡単に見れるケースも珍しくない。

ただ大きな会社の場合、ウェブサイト自体も巨大だったりする。どこに決算書があるのかわかりにくいこともある。そんなとき「会社案内」とか「IR」「投資家の皆様へ」といったページを探してみよう。ウェブサイト内を検索できる機能があれば、「決算書」「損益計算書」といったキーワードを入力して検索すればいい。

最近では中小企業でも、自社のウェブサイトに決算書を掲載していることが多い。とりあえず、Yahoo!などの検索サイトから目的の会社のウェブサイトを探し出してみよう。

ウェブサイトで公表されてない場合、その会社の広報部署にアタックする方法も。多くの会社は株主用に営業報告書を作っていて、その中に決算書も添えられているからだ。断られる理由はないから、遠慮なく頼めばいい。

公告《こうこく》
誰もが知ることのできるように、新聞などに掲載すること。最近ではウェブでの決算書の公告が一般的に。決算書ファイルをダウンロードすることも可能だ。

IR《あいあーる》
企業による投資家向け広報活動。より多くの投資家を募り、株価を維持しようとする活動で、企業説明会や決算説明会、会社見学などが行われることが多い。

売上高《うりあげだか》
商品の販売やサービスの提供代金の総額をいう。

決算書を入手する方法

○ウェブサイトから
○広報部署から
○新聞公告から
○専門誌から

要点はココ!!

COLUMN

決算書入手方法のあれこれ

上場企業ならばネットや、政府刊行物取扱書店で売られている有価証券報告書から、決算書は簡単に手に入る。

が、決算書の欲しい会社が未上場などで公開義務がない場合は入手が困難。ただ、注目・有力企業の財務データは、日本経済新聞社刊の『日本経営指標〈店頭・未上場会社版〉』で入手できる場合が少なくない。これ以外の中小企業の決算書については、財団法人中小企業診断会刊の『中小企業の経営指標』（中小企業庁編）が参考データになるケースもある。

05 なぜ3つの決算書が重要なのか

3つの決算書でいろいろなことが見える

どんなことにもいえることだが、物事は一面だけから見ていては本当のことはわからない。

会社の姿も、決算書、とりわけ貸借対照表、損益計算書、キャッシュフロー計算書（3つまとめて「財務三表」という）を総合的に見ることではじめてわかってくるものなのだ。

決算書には財務三表以外にも営業報告書、利益処分計算書、附属明細表などがあるが、本書では思い切って省略している。サラリーマンにとってはとりあえず不要だと判断したからだ。まずは財務三表。これがわかれば、会社の姿が数字からわかってくるのだ。

貸借対照表は、会社が事業資金をどうやって集め、どういう形で持っているのかを表わしている。つまり「会社の財務状態」を示すものだ。

これに対して損益計算書は、前の決算からの

会社の状態をあの手、この手、その手、その手で見る！

貸借対照表の要旨

（平成14年３月31日現在）

（単位：百万円）

資産の部 科目	金額	負債及び資本の部 科目	金額
流動資産	293,463	流動負債	56,638
現金・預金	103,394	支払手形	2,558
受取手形	6,736	買掛金	13,056
売掛金	58,594	未払金・未払費用	20,356
有価証券	104,124	未払法人税等	14,960
たな卸資産	16,966	その他	5,708
その他	4,076	固定負債	22,600
貸倒引当金	△427	退職給与引当金	21,209
固定資産	180,206	その他	1,391
有形固定資産	94,686	負債合計	79,238
建物・構築物	48,215	資本金	29,805
機械装置	11,784	法定準備金	22,386
土　地	22,529	剰余金	342,240
その他	12,158	（うち当期利益）	(29,601)
無形固定資産	15,277	資本合計	394,431
投資等	70,243		
投資有価証券	48,055		
その他	22,188		
資産合計	473,669	負債・資本合計	473,669

損益計算書の要旨

自　平成13年４月１日
至　平成14年３月31日

（単位：百万円）

科目	金額
売上高	229,571
営業費用	168,975
営業利益	60,596
営業外収益	4,309
営業外費用	89
経常利益	64,816
特別利益	39
特別損失	2,577
税引前当期利益	62,278
法人税、住民税及び事業税	32,677
当期利益	29,601
当期未処分利益	29,601

（注）①有形固定資産の減価償却累計額
98,094百万円
②1株当たり当期利益
85円67銭

キャッシュフロー計算書

○○ 株式会社

自平成13年４月１日
至平成14年３月31日

（単位千円）

Ⅰ営業活動によるキャッシュフロー	
1．税引前当期利益	716,600
2．減価償却費	17,000
3．投資有価証券売却益	-35,000
4．土地売却益	-150,000
5．固定資産売却損	30,000
6．売上債権の増加額	-25,000
7．たな卸資産の減少額	30,000
8．仕入債務の増加額	28,000
9．その他の資産、負債の増減額	-25,000
営業活動によるキャッシュフロー	586,600

● 3つの決算書は3本の柱

1年間の儲かり具合を表わしている。会社は本業以外にも不動産を貸したり財テクをしたりして、さまざまな形で儲けたり損したりしている。それを如実に表わすものである。

キャッシュフロー計算書は現金や預金などのキャッシュの出入りを表わすもの。キャッシュの「出」と「入」を素直に表わすもので、貸借対照表、損益計算書だけでは見えてこない会社の実態を反映している。

同じ決算書でも、こうして見るとそれぞれ役割が異なっていることがわかるはず。だからこそ、これら財務三表を総合的に見ることが必要なのだ。

その際、会計期間の異なる財務三表を見ないようにするべき。会計期間は表の上部に記されている（詳しくは次項）。決算書のそれぞれの役割も、この期間表示に関係するからだ。

貸借対照表《たいしゃくたいしょうひょう》
企業の期末における財務状態（資産・負債・資本の状態）を示す計算書。

損益計算書《そんえきけいさんしょ》
企業の一会計期間における経営成績を示す計算書。経営成績を収益と費用の形で示し、その差額としての損益を表示する表。

キャッシュフロー計算書《きゃっしゅふろーけいさんしょ》
企業のキャッシュ（現金）の変動を説明する財務表。上場企業には、2000年3月期より、作成が義務付けられた。

要点はココ!!

3つの決算書は総合的に見よう

↓

どれかひとつ悪ければ黄信号！

↓

○貸借対照表
会社の資産を表わす

○損益計算書
1年間の儲けを表わす

○キャッシュフロー計算書
お金の流れで会社の実態を表わす

06 決算書は期間に注意！

会社によって〆日はそれぞれ

決算期末が3月末日とは限らない

日本の会社の多くが、1会計年度を4月1日から3月31日に設定している。そのせいか、決算とは4月1日から3月31日までと思い込んでいる人も少なくないだろう。これは国の会計年度に合わせたものだが、必ずしもこの期間でなければダメという決まりはない。1年間であれば、どの月の1日から始め、12カ月後の末日を〆日とすることもOKなのだ。

そこで決算書を見るときに忘れてはならないのは、いつからいつまでの期間を表しているか確認することだ。損益計算書、キャッシュフロー計算書はある月の1日から、12カ月後の末日までの1年間を対照とした数字。貸借対照表は、〆月の末日現在の数字を示すが、決算書には必ずその期間が明示されているからだ。決算書には必ず期間、日時が添えられている。

会計期間は通常１年

○貸借対照表、損益計算書、キャッシュフロー計算書の三表も同期間で！

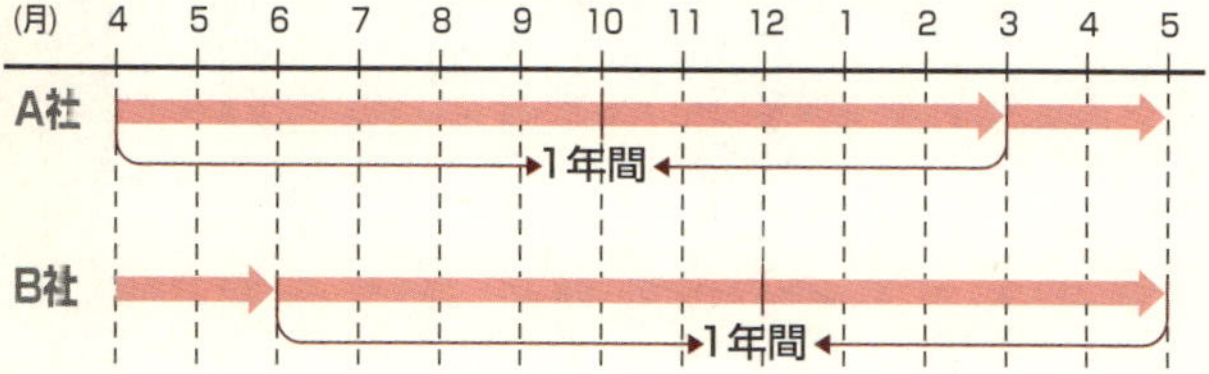

そこで日付を確認

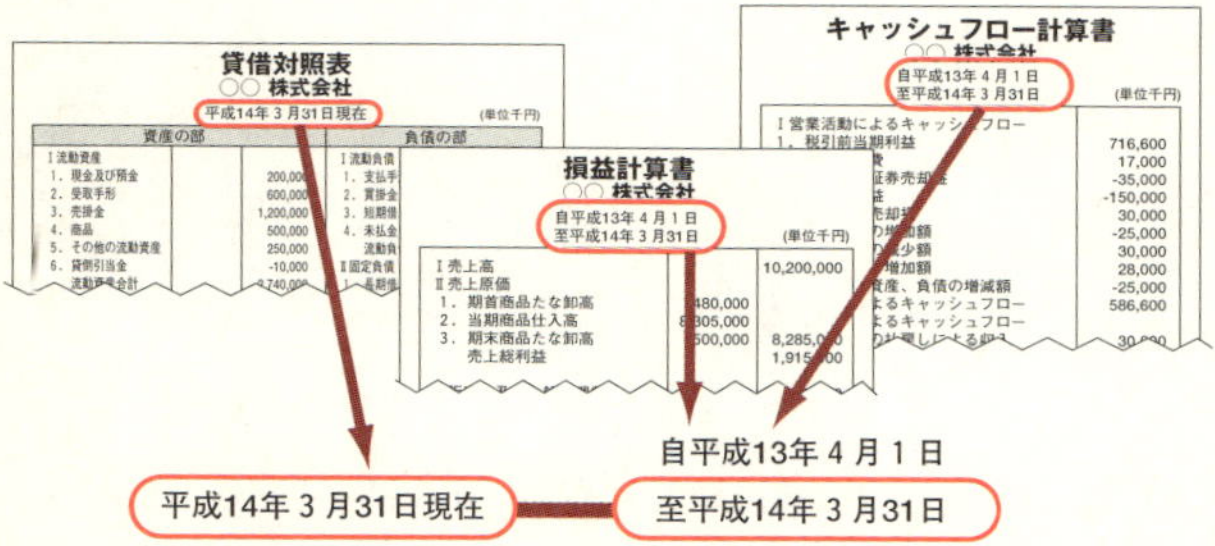

要点はココ!!

会社の決算期末は3月31日とは限らない！

07 貸借対照表はこうなっている

貸借対照表はバランスシートのこと

貸借対照表が難しく思えるのは、使われている言葉がやけに堅苦しいことが大きな原因だ。

しかし普通のサラリーマンが、それぞれの意味を正確に把握する必要はない。大きなくくりさえ知っていれば、貸借対照表から何らかの意味を読みとることができるのだ。

次見開きの概念図を見ればわかりやすい。まず目につくのは、左右に分かれている点だろう。

右側の「負債」「資本」は会社が事業資金をどうやって集めているのかを表わす部分（資金の調達）だ。調達法は主に次の4つ。

- 銀行から借りる
- 社債を発行して投資家から借りる
- 株を発行して投資家から集める
- 事業で儲ける

銀行から借りたり社債を発行して集めたお金は借金だから、いずれ返さなければならないの

会社の財産と借金がひとめでわかる！

貸借対照表
○○ 株式会社

平成14年３月31日現在　(単位千円)

資産の部			負債の部	
Ⅰ流動資産			Ⅰ流動負債	
1．現金及び預金		200,000	1．支払手形	1,500,000
2．受取手形		600,000	2．買掛金	1,300,000
3．売掛金		1,200,000	3．短期借入金	1,000,000
4．商品		500,000	4．未払金	50,000
5．その他の流動資産		250,000	流動負債合計	3,850,000
6．貸倒引当金		-10,000	Ⅱ固定負債	
流動資産合計		2,740,000	1．長期借入金	2,100,000
Ⅱ固定資産			2．退職給与引当金	1,100,000
(1) 有形固定資産			固定負債合計	3,200,000
1．建物	2,000,000		負債合計	7,050,000
減価償却累計額	500,000	1,500,000		
2．建物付属設備	500,000			
減価償却累計額	100,000	400,000		
3．土地		1,500,000	資本の部	
有形固定資産合計		3,400,000	Ⅰ資本金	1,500,000
(2) 無形固定資産			Ⅱ利益準備金	300,000
1．電話加入権		3,000	Ⅲその他の剰余金	
2．特許権		20,000	1．任意積立金	
無形固定資産合計		23,000	1) 別途積立金	800,000
(3) 投資その他の資産			2．当期未処分利益	213,000
1．子会社株式		1,000,000	その他の剰余金合計	1,013,000
2．投資有価証券		1,500,000	資本合計	2,813,000
3．敷金		1,200,000		
投資等合計		3,700,000		
固定資産合計		7,123,000		
資産合計		9,863,000	負債資本合計	9,863,000

次のページに
注目！

▼必ず左右が同数字になる

左　資産合計　9,863,000

右　負債資本合計　9,863,000

で「負債」とされる。一方で株を発行して集めた資金や事業を通じた儲けは、返す必要のないお金だ（もちろん、株主には利益を還元しなければならないが、借金ではない）。そこでこれらは「資本」とされる。

左側の「資産」は、右側で集めた資金をどういう形で持っているかを表わしている。現金はもちろん、株、社屋や工場といった不動産、入金予定の商品代金、あるいは電話の加入権や特許権などもここに含まれる。

これらは文字どおり、会社の資産だから、左側に「資産」と表記される。さっきと逆の表現をすれば、こうした資産を持つために、どのようにしてお金を集めたかを示すのが、右側の「負債」と「資本」ということだ。

だから、貸借対照表の左右は必ず同じ金額になる。バランスシートと呼ばれているのは、こんな理由からなのだ。

バランスシート《ばらんすしーと》
貸借対照表の英語表現だが、この方になじみが深いという人も多いだろう。B／S（びーえす）と表記されることもある。

負債《ふさい》
他から金品を借り受け、返済の義務を負うこと。また、借りた金品そのものを指す場合も。

資本《しほん》
株式会社、有限会社の営業のため株主または社員が出資した基金の全部、または重要部分を示す一定の金額で、登記または貸借対照表により公示される金額。

■貸借対照表の概念

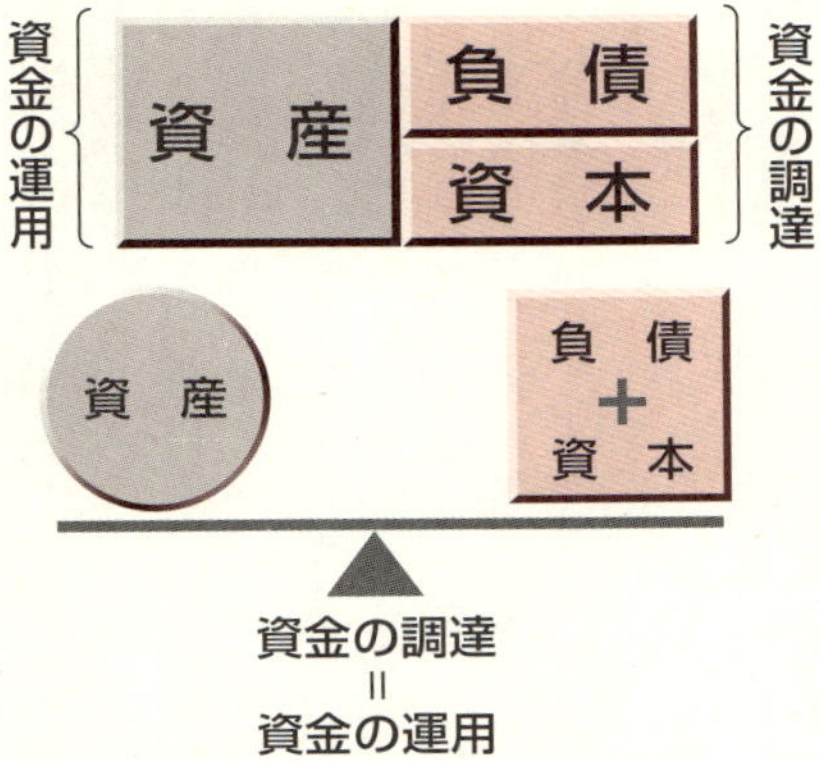

貸借対照表は「調達した資金をどのように運用したか」、逆にいえば「今ある資産を得るための資金を、どのように調達したか」を表わすもの。たとえば、100万円しかないのに100万円より多くの資産を持つことは不可能だから、左右はバランスよく釣り合う（同額になる）ことになる。

COLUMN

バランスシートは損得勘定!?

貸借対照表は、英語でバランスシートと呼ばれている。左右の合計額が必ず一致する（バランスする）ことが、その理由だ。

このバランスシートという言葉、たとえば「イチローのバランスシート」といった週刊誌の見出しなどで見聞きしたことのある人は多いだろう。この場合、「損得勘定」といった意味合いで使われているわけだが、支援と才能で幸せを手にしているのだから、あながちムリな転用とはいえないだろう。

08 損益計算書はこうなっている

売上高と5つの利益でできている

会社は儲かればいいというものではない。たとえばバブル期に高い値段で買ったものの、地価が値下がりして売るに売れなかった土地を処分した場合にはそれなりの収入がもたらされることになる。本業が不振の年にこうした臨時収入があると、土地を売ったことで利益の合計が増えるため本業の不振が隠されてしまうのだ。

こうした事情を知らずにその会社の株を買った投資家は、翌年に本業が大躍進しない限り大損してしまうだろう。きちんと情報が公表されていれば、こうした悲劇は防げるはず。本業で儲けたのか、副業やそれ以外の特殊な事情で儲けたのかを知るには、損益計算書がモノをいう。

損益計算書で覚えておきたいのは、「売上高」と「5つの利益」だ。

わ 売上高　本業を軸に、業務での収入すべてを合計したもの。その会社の事業規模を表わす。

本業で儲けたか副業で儲けたかがわかる！

損益計算書

○○ 株式会社

自平成13年４月１日
至平成14年３月31日　　(単位千円)

Ⅰ売上高		10,200,000	わ
Ⅱ売上原価			
1．期首商品たな卸高	480,000		
2．当期商品仕入高	8,305,000		
3．期末商品たな卸高	500,000	8,285,000	
売上総利益		1,915,000	あ
Ⅲ販売費及び一般管理費		1,415,000	
営業利益		500,000	い
Ⅳ営業外収益			
1．受取利息	25,000		
2．受取配当金	1,600		
3．雑収入	2,000	28,600	
Ⅴ営業外費用			
1．支払利息	30,000		
2．雑損失	12,000	42,000	
経常利益		486,600	う
Ⅵ特別利益			
1．土地売却益	150,000		
2．投資有価証券売却益	35,000	185,000	
Ⅶ特別損失			
1．固定資産売却損	30,000		
2．過年度損益修正	25,000	55,000	
税引前当期利益		616,600	え
法人税、住民税及び事業税		482,256	
当期利益		134,344	お

←記号をふってみよう

ちょっと聞きなれないが B/S《ビーエス》とP/L《ピーエル》って？

B/S ＝バランスシート
＝貸借対照表

P/L ＝プロフィット・アンド・ロス
＝損益計算書

次のページに注目！

損益計算書の数字の中ではもっとも大きい。

あ 売上総利益　売上高から、仕入などに使った売上原価を差し引いた、大ざっぱな利益。粗利益ともいう。

い 営業利益　粗利益から給料や家賃、通信費、交際費など会社を維持したり売上を上げるために使った経費を差し引いた額。本業での利益。

う 経常利益　営業利益に対して、利息や配当金など、本業以外の活動で発生した収支を加減したもの。本業以外の利益を含めた、会社の日常的な利益。

え 税引前当期利益　経常利益に、土地の売却など、特別な理由による収支を加減した利益。

お 当期利益　税引前当期利益から税金を支払った残り。純利益ともいう。

このように、売上高から特定の種類の損益を足したり引いたりして、それぞれの利益を導き出すのである。

損益計算書《そんえきけいさんしょ》

企業の一会計期間における経営成績を示す計算書。経営成績を収益と費用の形で示し、その差額としての損益を表示する表。

売上高《うりあげだか》

商品の販売やサービスの提供代金の総額をいう。

売上総利益《うりあげそうりえき》

売上高から売上原価を差し引いた利益部分のことをいう。粗利益（荒利益）とも呼ばれる。

要点はココ!!

わ 売上高

本業を軸とする1年間のトータルな事業のスケールをいう。この額が大きい会社は事業が活発と、とりあえず判断していい。

○5つの利益

あ 売上総利益（粗利益）

売上高から売上原価を引いた大雑把な利益で粗利益ともいう。

い 営業利益

粗利益から「販売費及び一般管理費」に区分される経費を引いて算出。

う 経常《けいじょう》利益

本業以外の収支も含めた日常的な経営活動による儲け。

え 税引前《ぜいびきまえ》当期利益

営業とは直接関係ない、臨時に発生した利益や損失も計算して出す。

お 当期利益

税引前当期利益から税金を支払った残りの利益。純利益ともいう。

09 キャッシュフロー計算書はこうなっている

お金の流れで会社の実態を知る

キャッシュフローを日本語に直すと「現金の流れ」ということになる。キャッシュフロー計算書は、文字どおり会社の現金の流れを表わす決算書だ。

会社では、取引の成立や商品の引き渡しと同時に現金の授受が行われることはあまりない。だから現金がなくても、ある程度は商売が回る。

しかし、やはり会社にはキャッシュは必要だ（ここでいう「キャッシュ」とは、現金や預金、3カ月以内に現金化できる株や債券などのことを示している）。キャッシュがなければ給料も払えないし、仕入代金の支払いもできない。帳簿上では利益が出ていても、実際にはキャッシュがなくて資金繰りに東奔西走する経営者が後を絶たない。会社にキャッシュが不可欠であることのなによりの証拠だ。

ところが、貸借対照表や損益計算書では、キ

新しい時代のニーズによって生まれた第3の決算書

キャッシュフロー計算書

○○ 株式会社

自平成13年４月１日
至平成14年３月31日

(単位千円)

Ⅰ営業活動によるキャッシュフロー		ア
1．税引前当期利益	716,600	
2．減価償却費	17,000	
3．投資有価証券売却益	-35,000	
4．土地売却益	-150,000	
5．固定資産売却損	30,000	
6．売上債権の増加額	-25,000	
7．たな卸資産の減少額	30,000	
8．仕入債務の増加額	28,000	
9．その他の資産、負債の増減額	-25,000	
営業活動によるキャッシュフロー	586,600	
Ⅱ投資活動によるキャッシュフロー		イ
1．定期預金の払戻しによる収入	30,000	
2．有形固定資産売却による収入	300,000	
3．有形固定資産取得による支出	-1,500,000	
4．投資有価証券取得による支出	-800,000	
投資活動によるキャッシュフロー	-1,970,000	
Ⅲ財務活動によるキャッシュフロー		ウ
1．短期借入金の純減少額	-300,000	
2．長期借入れによる収入	1,500,000	
3．長期借入金の返済による支出	-300,000	
4．配当金の支払額	-150,000	
財務活動によるキャッシュフロー	750,000	
Ⅳ現金及び現金等価物の増減額	-633,400	エ
Ⅴ現金及び現金等価物の期首残高	730,400	
Ⅵ現金及び現金等価物の期末残高	97,000	

← **記号をふってみよう**

さらに新しい言葉だが

C/F《シーエフ》って？

C/F =キャッシュフロー
=キャッシュフロー計算書

次のページに**注目！**

ャッシュのあるなしがわからないのだ。そこでキャッシュフロー計算書が、これらに続く「第3の決算書」として注目を集めているのである。

キャッシュフロー計算書は、営業活動・投資活動・財務活動の3つの部分から成り立っている。営業活動の部分では、本業におけるキャッシュの流れを、投資活動の部分では、工場や機械など固定資産の購入や売却などに伴うキャッシュの流れを、財務活動の部分では、株式発行による資金調達や借入金の返済といった財務に関するキャッシュの流れを表わしている。まずは、これだけマスターすればOKだ。

そして㋓の部分、現金及び現金等価物（会計上現金としてカウントされる短期の預金など）の期首、期末の残高と、その増減も見ておきたい。これからの経営では、キャッシュが多い方が安全。当然、増減では増えていることが望ましく、減っていると危険と考えられる。

営業活動《えいぎょうかつどう》
販売や仕入など、本業にかかわる活動のこと。

投資活動《とうしかつどう》
固定資産や株・債券などの購入と売却など。

財務活動《ざいむかつどう》
借入や借入金返済、増資といった活動のこと。

3つのキャッシュフロー

要点はココ!!

ア 営業活動によるキャッシュフロー

会社本来の事業における販売や仕入、製造活動などから生じた現金・預金などの現実的な流れ。借金で仕入代金を支払い、販売代金が入金後に借金を返済するなどの流れをフォローする。

イ 投資活動によるキャッシュフロー

工場や店舗、本社ビルを建てたり、設備を取り替えたりするといった設備投資、子会社への投資や取引先との関係強化のための株式購入など、将来を見据えた現金・預金の使い方のプロセスを表わす。

ウ 財務活動によるキャッシュフロー

金融機関などからの長期、短期のお金の調達や、社債発行による市場からのお金の調達、増資による資本金の増加などを決算書的に表現。ココでその会社の資金調達能力が明らかになるだけでなく、その内容にも迫ることができる。

○キャッシュフロー計算書の一番下の数字を見よ！

キャッシュフロー計算書には、上の3つのキャッシュフローの下に、3つの項目が並んでいる。

一番下の「現金及び現金等価物の期末残高」は、「この年度末に残ったキャッシュがいくらあるか」を表わしている。

その上の「現金及び現金等価物の期首残高」は「今期の始めにキャッシュがいくらあったか」を、一番上の「現金及び現金等価物の増減額」は、期首と期末におけるキャッシュの差額を示している。ここでいう「期末」とは、たとえば4月1日から会計年度の始まる会社なら3月31日のこと。その場合の「期首」は、前年4月1日のことだ。

要するに、キャッシュフロー計算書では一会計年度の始まりと終わりに、キャッシュがいくら増減して、いくらからいくらになったのかを導き出しているわけだ。

10 決算書はポイントだけを押さえろ!

むずかしいと思われている決算書だが……

聞き慣れない言葉と意味不明の数字——これが決算書をわかりにくくさせている要因だが、実はそんなに難しいものではない。要はポイントさえ押さえれば、どうってことはないのだ。それぞれの決算書におけるポイントを、確認しておこう。

まず、いくつもある決算書のうち、ふつうのサラリーマンがチェックすべきは貸借対照表、損益計算書、キャッシュフロー計算書の3つのみ。これを「財務三表」と呼ぶことは、すでに学んだ通りだ。他の決算書は、とりあえず無視してもまったく問題ないから安心してほしい。

そして貸借対照表と損益計算書におけるポイントは、左ページに掲げたA～Gとわの8つ。キャッシュフロー計算書のポイントは、やはり左ページにあるアイウエの4つ。全部

←記号をふってみよう

わ D E F

3つの表の12のポイントを読めばOK!

貸借対照表の要旨

（平成14年３月31日現在）

（単位：百万円）

	資産の部		負債及び資本の部	
	科目	金額	科目	金額
A	流動資産	293,463	流動負債	56,638
	現金・預金	103,394	支払手形	2,558
	受取手形	6,736	買掛金	13,056
	売掛金	58,594	未払金・未払費用	20,356
	有価証券	104,124	未払法人税等	14,960
	たな卸資産	16,966	その他	5,708
	その他	4,076	固定負債	22,600
	貸倒引当金	△427	退職給与引当金	21,209
B	固定資産	180,206	その他	1,391
	有形固定資産	94,686	負債合計	79,238
	建物・構築物	48,215	資本金	29,805
	機械装置	11,784	法定準備金	22,386
	土　地	22,529	剰余金	342,240
	その他	12,158	（うち当期利益）	(29,601)
	無形固定資産	15,277	資本合計	394,431
	投資等	70,243		
	投資有価証券	48,055		
	その他	22,188		
C / G	資産合計	473,669	負債・資本合計	473,669

損益計算書の要旨

自　平成13年４月１日
至　平成14年３月31日

（単位：百万円）

科目	金額
売上高	229,571
営業費用	168,975
営業利益	60,596
営業外収益	4,309
営業外費用	89
経常利益	64,816
特別利益	39
特別損失	2,577
税引前当期利益	62,278
法人税、住民税及び事業税	32,677
当期利益	29,601
当期未処分利益	29,601

（注）①有形固定資産の減価償却累計額
98,094百万円
②1株当たり当期利益
85円67銭

キャッシュフロー計算書

○○ 株式会社

自平成13年４月１日
至平成14年３月31日

（単位千円）

ア	Ⅰ営業活動によるキャッシュフロー	
	1．税引前当期利益	716,600
	2．減価償却費	17,000
	3．投資有価証券売却益	-35,000
	4．土地売却益	-150,000
	5．固定資産売却損	30,000
	6．売上債権の増加額	-25,000
	7．たな卸資産の減少額	30,000
	8．仕入債務の増加額	28,000
	9．その他の資産、負債の増減額	-25,000
	営業活動によるキャッシュフロー	586,600
イ	Ⅱ投資活動によるキャッシュフロー	
	1．定期預金の払戻しによる収入	30,000
	2．有形固定資産売却による収入	300,000
	3．有形固定資産取得による支出	-1,500,000
	4．投資有価証券取得による支出	-800,000
	投資活動によるキャッシュフロー	-1,970,000
ウ	Ⅲ財務活動によるキャッシュフロー	
	1．短期借入金の純減少額	-300,000
	2．長期借入れによる収入	1,500,000
	3．長期借入金の返済による支出	-300,000
	4．配当金の支払額	-150,000
	財務活動によるキャッシュフロー	750,000
エ	Ⅳ現金及び現金等価物の増減額	-633,400
	Ⅴ現金及び現金等価物の期首残高	730,400
	Ⅵ現金及び現金等価物の期末残高	97,000

AからG、わやアからエを掛けたり割ったり、足したり引いたりするだけで倒産の危機が見えてくる！

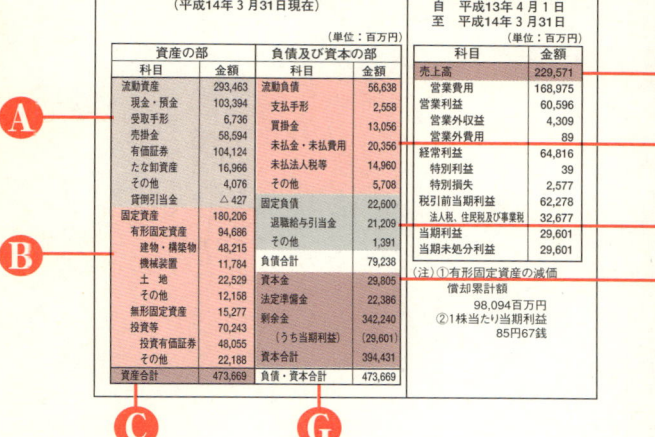

で12個のポイントしかないのだ。

Ⓐ～Ⓖと(わ)の8つに関しては、掛けたり割ったりすることでそれぞれ意味のある数値をはじき出すことができる。それらについては後のページで詳しく触れるが、とにかく、たったこれだけで会社のさまざまな顔が見えてくる。

㋐㋑㋒㋓の4つに関しては、それぞれのバランスを見ることで会社を判断できる。この方法も後に伝授するので、楽しみにしておいてほしい。実に簡単な判断法があるのだ。

ところで、損益計算書には「5つの利益」があることを覚えているだろうか。これもなかなか重要なポイントなので、これまで挙げた12のポイントに次ぐものとして、余裕のある人は覚えておこう。

いずれにせよ、決算書など恐るるに足らず。わずかなポイントさえ把握すれば、どうってことはないのである。

貸借対照表《たいしゃくたいしょうひょう》
企業の期末における財務状態（資産・負債・資本の状態）を示す計算書。

損益計算書《そんえきけいさんしょ》
企業の一会計期間における経営成績を示す計算書。経営成績を収益と費用の形で示し、その差額としての損益を表示する表。

キャッシュフロー計算書《きゃっしゅふろーけいさんしょ》
企業のキャッシュ（現金）の変動を説明する財務表。上場企業には、2000年3月期より、作成が義務付けられた。

COLUMN

この程度の損益計算書の概要でも十分役立つ

左図のような新聞の要旨公告では、損益計算書はかなりシンプルに掲載されている。しかしこれだけの数字からでも、5つの利益の考え方さえ把握していれば、本業で儲けているか、副業で儲けているか、特殊な事情によって利益が生まれたのか――といったことがわかるものだ。5つの利益の考え方がわかったら、試してみるといい。決算書を「読んでいる」自分を発見できるはずだ。

損益計算書の要旨
自　平成13年4月1日
至　平成14年3月31日
(単位：百万円)

科目	金額
売上高	229,571
営業費用	168,975
営業利益	60,596
営業外収益	4,309
営業外費用	89
経常利益	64,816
特別利益	39
特別損失	2,577
税引前当期利益	62,278
法人税、住民税及び事業税	32,677
当期利益	29,601
当期未処分利益	29,601

(注)①有形固定資産の減価償却累計額
98,094百万円
②1株当たり当期利益
85円67銭

位：百万円)

本の部
金額
5■,638
13,056
20,356
-4,960
5,708
22,600
21,209
79,238
29,805
22,386
342,240
(29,601)
394,431
473,669

財務三表《ざいむさんぴょう》

決算書と一口にいうが、専門的には「財務諸表」といい、貸借対照表、損益計算書、キャッシュフロー計算書以外にもさまざまある。なかでも重要なこの3つの決算書を財務三表と呼ぶ。

決算要旨公告《けっさんようしこうこく》

上場会社などが株主に向けて、貸借対照表、損益計算書の簡略版を新聞などで公示する書類。

受取手形《うけとりてがた》

受取手形は商品の販売代金や、売掛金の回収などの営業取引で受け取った約束手形などのこと。

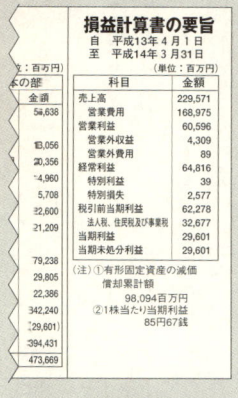

11 トヨタの決算書を見てみよう

子会社も含めるともっとスゴい！

さて、本物の決算書を見ることにする。左の表は新聞紙上に公表された、トヨタの決算要旨公告で、売上高（ここでは営業収益と表記）は8兆2849億円にも達している。日本の自動車会社ではもちろん断然トップ。他の製造業と比較しても、例えば松下電器の3兆9007億円の2倍以上も売り上げているのだ。

当然、営業利益の7489億円という数字も注目に値する。

結果として、あらゆる業種を通じて経常利益7689億円はトップになる。この要旨公告には表れていないが、子会社を含めた売上は15兆1062億円で、この数字は世界でも有数のもの。同じく子会社も含めた経常利益は、1兆1135億円に達する。要旨公告のちょっとした数字でも、驚かされるのである！

儲かっている会社の決算書はこんなにスゴい！

第98期決算公告

平成14年6月27日

愛知県豊田市トヨタ町1番地
トヨタ自動車株式会社
取締役社長　張　富士夫

貸借対照表の要旨

（平成14年3月31日現在）

（億円未満切り捨て）

資産の部		負債及び資本の部	
科目	金額	科目	金額
（資産の部）	億円	（負債の部）	億円
流動資産	34,310	流動負債	19,616
現金預金	2,658	支払手形及び買掛金	7,326
売掛金	9,943	未払金及び未払費用	7,009
有価証券	11,900	その他	5,280
たな卸資産	1,959	固定負債	8,441
その他	7,848	社債	4,006
固定資産	50,368	退職給付引当金	3,914
有形固定資産	12,751	その他	521
建物	3,501	負債計	28,057
機械装置	3,415	（資本の部）	
土地	4,004	資本金	3,970
その他	1,829	法定準備金	5,146
投資等	37,617	剰余金	48,086
投資有価証券	18,326	（うち当期利益）	(4,702)
子会社株式・出資金	12,237	評価差額金	996
その他	7,053	自己株式	△1,577
		資本計	56,621
合計	84,679	合計	84,679

注）1. 有形固定資産の減価償却累計額　34,971億円
2. 1株当たりの当期利益　130円40銭
3. 商法第290条第1項第6号に規定された資産の時価評価により増加した純資産額　998億円

損益計算書の要旨

（平成13年4月1日から
平成14年3月31日まで）

（億円未満切り捨て）

科目	金額	
	億円	
営業収益	82,849	わ
営業費用	75,360	
営業利益	7,489	い
営業外収益	1,742	
営業外費用	1,542	
経常利益	7,689	う
税引前当期利益	7,689	え
法人税、住民税及び事業税	4,188	
法人税等調整額	△1,201	
当期利益	4,702	
前期繰越利益	669	
株式消却額	1,292	
中間配当額	474	
当期未処分利益	3,605	

要点はココ!!　トヨタはこんなに儲けている！

わ 営業収益（売上高）　**8兆2849億円**

い 営業利益　**7489億円**

う 経常利益　**7689億円**

え 税引前当期利益　**7689億円**

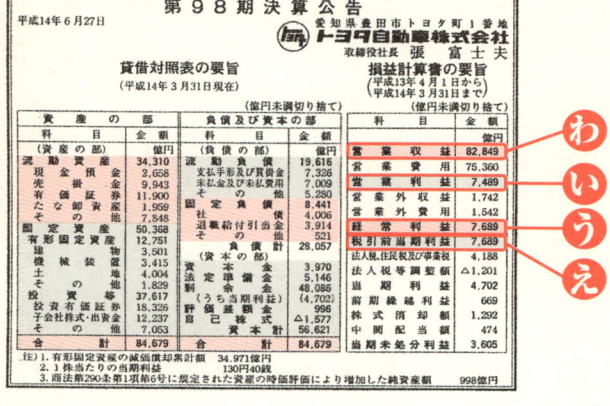

12 ダイエーの決算書を見てみよう

要旨公告に示された4000億円近い赤字！

ダイエーの要旨公告もまず、損益計算書の営業収益（売上高）から見てみよう。その額、1兆7312億円はさすがにデカい。ニュースなどで経営状態を危ぶまれているが、大丈夫じゃないのかと思いたくなる。

だが、営業利益を見るとたった217億円で、売上高の1・2％しかない。さらに経常利益を見ると、141億円で売上高の1％にも達しない0・8％程度。どうも様子がヘンだということが、決算書を詳しく知らなくてもわかってくるに違いない。

で、税引前当期利益へ目を移すと、マイナス3935億円と示されている。むむっ、4000億円近い赤字というのもスゴいが、それが売上高の22％を超える水準にびっくり！　ダイエーの苦しさを、数字が語っているのだ！

儲かっていない会社の決算書もこんなにスゴい！

第51期決算公告

平成14年5月24日

神戸市中央区港島中町4丁目1番1
株式会社　ダイエー
代表取締役社長　高木邦夫

貸借対照表の要旨
（平成14年2月28日現在）

（単位：億円）

科目	金額	科目	金額
（資産の部）	(12,093)	（負債の部）	(14,499)
流動資産	2,608	流動負債	9,600
現金及び預金	248	買掛金	917
売掛金	333	短期借入金	7,332
たな卸資産	742	1年内に返済する長期借入金	767
短期貸付金	2,498	その他	583
その他	572	固定負債	4,898
貸倒引当金	△1,785	長期借入金	528
固定資産	9,484	退職給付引当金	169
有形固定資産	3,770	子会社等事業損失引当金	1,624
建物	1,749	構造改革引当金	1,736
土地	1,776	その他	840
その他	244	（資本の部）	(△2,405)
無形固定資産	114	資本金	1,120
投資等	5,599	法定準備金	683
子会社株式	1,887	再評価差額金	380
差入保証金	3,140	欠損金	4,582
その他	788	（うち当期損失）	(4,582)
貸倒引当金	△216	自己株式	△6
資産合計	12,093	負債・資本合計	12,093

（注）1. 有形固定資産の減価償却累計額3,077億円
2. 1株当たり当期損失643円63銭
備考：記載金額は億円未満を切り捨てて表示しております。

損益計算書の要旨
（平成13年3月1日から
平成14年2月28日まで）

（単位：億円）

科目	金額
営業収益	17,312
営業費用	17,094
営業利益	217
営業外収益	170
営業外費用	246
経常利益	141
特別利益	1,354
特別損失	5,431
税引前当期損失	3,935
法人税、住民税及び事業税	4
法人税等調整額	642
当期損失	4,582
前期繰越利益	—
再評価差額金取崩額	△　0
当期未処理損失	4,582

わ　い　う　え

要点はココ!!

ダイエーは こんなに苦しんでいる！

- わ 営業収益（売上高）　1兆7312億円
- い 営業利益　217億円
- う 経常利益　141億円
- え 税引前当期利益（損失）　−3935億円

13 ユニクロの決算書を見てみよう

減収減益から立ち直りの道を探る

左ページの表は、ユニクロの比較損益計算書である。前の年と、今年の数字を比較できるよう整理されたもので、決算の動きを比較するのに便利なものだ。

売上高を見ると、前期は４１８５億円だったものが、今期は３４１６億円にと約18％の落ち込み。不況知らずだったユニクロが、「減収」と騒ぎ立てられるのも仕方ないところだ。で、売上げが落ち込めば、当然、利益にも影響が出る。損益計算書の利益でまずチェックするべき、税引前当期利益の項目を比較すると、前期１０２５億円、今期５４１億円。なんと利益は、約半分になってしまっている！　来期に向けて30代の社長を起用、起死回生を計っているが、是非とも立ち直って欲しい会社のひとつ。「頑張れ、ユニクロ！」と、エールを送ろう。

動きのはげしい会社の決算書もこんなにスゴい！

ユニクロ　比較損益計算書

(単位：百万円)

期別 / 科目	当期 自平成13年9月1日 至平成14年8月31日 金額	前期 自平成12年9月1日 至平成13年8月31日 金額	増減金額 金額
Ⅰ 売上高	341,640	418,561	△76,920
Ⅱ 売上原価	192,088	218,739	△26,651
売上総利益	149,552	199,821	△50,268
Ⅲ 販売費及び一般管理費	95,541	97,740	△2,198
営業利益	54,011	102,081	△48,070
Ⅳ 営業外収益	1,407	1,577	△170
1 受取利息及び配当金	667	1,061	△393
2 仕入割引	42	70	△28
3 為替差益	365	—	365
4 その他の営業外収益	331	445	△114
Ⅴ 営業外費用	644	441	202
1 支払利息	317	136	180
2 新株発行費	16	43	△27
3 その他の営業外費用	310	260	50
経常利益	54,774	103,217	△48,443
Ⅵ 特別利益	109	25	84
1 貸倒引当金戻入益	—	25	△25
2 退職給付引当金戻入益	109	—	109
Ⅶ 特別損失	773	709	63
1 固定資産除却損	709	75	634
2 店舗閉店損失	64	51	12
3 ゴルフ会員権評価損	—	5	△85
4 退職給付会計変更時差異	—	58	△58
5 リース中途解約金	—	439	△439
税引前当期利益	54,109	102,533	△48,423
法人税、住民税及び事業税	19,874	44,150	△24,276
法人税等調整額	2,717	△809	3,526
当期純利益	31,518	59,192	△27,673
前期繰越利益	3,830	2,815	1,015
中間配当額	3,560	3,171	388
中間配当に伴う			
利益準備金積立額	—	184	△184
当期未処分利益	31,789	58,651	△26,861

え

要点はココ!!

え 税引前当期利益

1025億円⇒541億円

利益が1年で半減だぁ〜！

PART 2

会社の儲けを正確に見る

会社が儲かっているかどうかを判断するには、損益計算書を見るのがベストだ。ただ儲かっているかどうかだけでなく、本業で儲けているのか、副業に依存しているのかまでもチェック可能。決算書を読むにはまず、損益計算書の理解が求められるのである。

- 税引前当期利益
- 5つの利益
- 利益の中身
- 粗利益率
- 営業利益率
- 経常利益率
- 前の年と比較する
- 数字を左右するもの
- 営業外収益＆費用
- 特別利益＆損失
- 5つの利益計算法
- トヨタとダイエー
- 日　産
- 松下電器

14 損益計算書で黒字か赤字かがわかる

まず注目の税引前当期利益からわかること

損益計算書は実にシンプルな構成になっている。一番上の(わ)売上高から、さまざまな要素を加減して5つの利益を導き出す——という構造だ。つまり最終的に残った(お)当期利益こそが会社に残った最終的な利益ということになるが、これは法人税などを支払った後に残るもの。そもそも税金というのは利益に対してかかるのだから、やはり会社の利益という意味では(え)税引前当期利益が妥当だ。

しかもこの数字は初めから計算されて表示されている。ということは、ただ見るだけでいいのだ。そしてこの数字がプラスなら「儲かっている」、マイナスなら「損をしている」という判断を、とりあえず下してもいいだろう。

もう少し正確な判断を下したいのなら、同業種、同規模の他社と比べてみることだ。そうすれば、(え)税引前当期利益が多いのか少ないのかの判断材料になる。次ページで同業の大企業同士の税引前当期利益を比較してみた。

規模こそ異なるとはいえ、たとえば大正製薬

損益計算書
○○ 株式会社

自平成13年４月１日
至平成14年３月31日　　(単位千円)

Ⅰ売上高		10,200,000
Ⅱ売上原価		
1．期首商品たな卸高	480,000	
2．当期商品仕入高	8,305,000	
3．期末商品たな卸高	500,000	8,285,000
売上総利益		1,915,000
Ⅲ販売費及び一般管理費		1,415,000
営業利益		500,000
Ⅳ営業外収益		
1．受取利息	25,000	
2．受取配当金	1,600	
3．雑収入	2,000	28,600
Ⅴ営業外費用		
1．支払利息	30,000	
2．雑損失	12,000	42,000
経常利益		486,600
Ⅵ特別利益		
1．土地売却益	150,000	
2．投資有価証券売却益	35,000	185,000
Ⅶ特別損失		
1．固定資産売却損	30,000	
2．過年度損益修正	25,000	55,000
税引前当期利益		616,600
法人税、住民税及び事業税		482,256
当期利益		134,344

売上原価＝期首たな卸＋当期仕入－期末たな卸

次のページに
注目！

税引前当期利益

と田辺製薬を見ると、両社が合併を決断し、さらに破談するに至った裏の事情まで見えてきそうな気さえする。あるいは、ビール業界の2社も興味深いところだ。

さらに、前年度、前々年度と比べてどうなのかについても知っておきたい。企業の利益は常に変化している。少なくとも3期分を見比べて、増加傾向にあるのか、それとも減少傾向にあるのかを知ることが肝心だ。

まず税引前当期利益を見よ！ 赤字か黒字かすぐわかる！

●いくつかの企業の税引前当期利益

アサヒビール	18,611	キリンビール	57,134
日本テレビ	63,922	フジテレビ	33,763
三越	9,693	高島屋	−96,940
JR東海	81,287	近鉄	−27,008
大正製薬	66,446	田辺製薬	24,582
ダイエー	−296,350	イトーヨーカ堂	171,793
トヨタ	1,113,524	マツダ	15,508

（単位:百万円、直近期末のものから）

要点はココ!!

え 税引前当期利益

・プラスなら儲かっている
・マイナスなら損をしている

損益計算書から手っ取り早く会社を判断するには、税引前当期利益をチェック。この項目には、会社が儲けたあらゆる利益から損や支出を差し引いた金額が記されている。これをもとに税額が決められるわけで、税を差し引いた利益を「純利益」または「当期（純）利益」と表記することもある。

損益計算書《そんえきけいさんしょ》
企業の一会計期間における経営成績を示す計算書。経営成績を収益と費用の形で示し、その差額としての損益を表示する表。

税引前当期利益《ぜいびきまえとうきりえき》
経常利益に特別利益を加え、特別損失を引いたもの。営業と直接関係ない臨時的に発生した損益も計算して最終的な利益を出す。

⑮ 損益計算書の5つの利益

売上総利益は粗利益のこと

決算書の用語は、実は統一されているわけではない。特殊な用語だったり、特定の項目に複数の呼び名があったり、会社が勝手に項目を作ってしまうこともある。

たとえば損益計算書の5つの利益の筆頭に挙げられる**あ**売上総利益。売上高から、売上にかかった仕入やたな卸商品の額を差し引いたものので、要するに粗利益のことだ。もちろん、これは正確な利益とはいえないのだが、一応の目安と考えていい。

ちなみに「売上高」も「営業収益」なる言葉に置き換えられている場合があるから要注意だ。とにかく、ものものしい言葉に惑わされてはいけないのである。

さて、**あ**売上総利益から販売費及び一般管理費を差し引いたものが、**い**営業利益となる。会社が本来の業務によって生み出した利益だ。

サラリーマンの常識として利益には5つあると覚えてしまおう

損益計算書
○○ 株式会社

自平成13年４月１日
至平成14年３月31日　(単位千円)

Ⅰ売上高		10,200,000	わ
Ⅱ売上原価			
1．期首商品たな卸高	480,000		
2．当期商品仕入高	8,305,000		
3．期末商品たな卸高	500,000	8,285,000	
売上総利益		1,915,000	あ
Ⅲ販売費及び一般管理費		1,415,000	
営業利益		500,000	い
Ⅳ営業外収益			
1．受取利息	25,000		
2．受取配当金	1,600		
3．雑収入	2,000	28,600	
Ⅴ営業外費用			
1．支払利息	30,000		
2．雑損失	12,000	42,000	
経常利益		486,600	う
Ⅵ特別利益			
1．土地売却益	150,000		
2．投資有価証券売却益	35,000	185,000	
Ⅶ特別損失			
1．固定資産売却損	30,000		
2．過年度損益修正	25,000	55,000	
税引前当期利益		616,600	え
法人税、住民税及び事業税		482,256	
当期利益		134,344	お

わ 売上高

会社が１年間の事業を通じて得た収益。土地や建物など固定資産の売却などによる利益（特別利益）や、長期に貸していた金の回収を諦めた際の損失（特別損失）は含まれない。

次のページに注目！

販売費とは、セールスマンの給料や広告宣伝費など営業活動に関係の深い経費のこと。役員や事務職員の人件費、家賃といった、販売には直接関係のない経費が一般管理費と呼ばれている。ただ、これらはかなりあいまいなので、総称して販売費及び一般管理費（販管費、営業経費）と呼ばれているのだ。

次の(う)経常利益は、営業利益から、通常の営業活動以外の収益や費用を加減したもの。本業と副業を合わせた、会社の実力を示す利益である。

ここから土地の売却益や役員への退職金支払いといった特別損益を加減して算出したのが、(え)税引前当期利益となる。

さらに(え)税引前当期利益から法人税や法人住民税、事業税を差し引いたものが、最後に残る(お)当期利益。ここから株主へ配当金を支払ったり、次期繰越金を捻出することになる。

たな卸商品《たなおろししょうひん》

決算日現在、会社に残っている商品や製品のこと。原材料を含めた総称として、「たな卸資産」という言葉も使われる。ちなみに「商品」は卸、小売業で使われる言葉で、製造業では「製品」と呼ぶ。

特別損益《とくべつそんえき》

不動産の売却や長期に保有していた子会社の売却など、ふだんあまりないような特別なケースで得た利益や損失のこと。

要点はココ!!

5つの利益

あ 売上総利益（粗利益）

大ざっぱな利益を知るための目安。売上高から仕入にかかった費用と、売れずに残っている在庫の額を差し引いて算出。

い 営業利益

本業での儲けを表すもの。売上総利益から販売費及び一般管理費を引いて算出。販売費及び一般管理費は、いわゆる経費と考えておけばいい。

う 経常《けいじょう》利益

本業以外の副業の利益と損失を織り込んだ、会社全体の利益。会社の実力を測る有力な手段。営業利益に営業外収益を加え、営業外費用を引いて算出。

え 税引前《ぜいびきまえ》当期利益

その期にあった特別な事情による利益や損失を、経常利益に足したり引いたりして算出。会社全体としての最終的な業績を表わすものと考えていい。経常利益に特別利益を加え、特別損失をマイナスして算出。

お 当期利益

税引前当期利益から算出された法人税、法人住民税、事業税を引いて算出。株主総会に諮り、この利益から株主への配当金や次期への繰越金額を決める。

16 5つの利益から見えてくること

肝心なのは、どうやって儲けたかということ

会社の儲けを大ざっぱに知るには、㋓税引前当期利益を見ればよい。が、これだけでは会社の本質はわからない。最後にはじき出された数字が同じでも、儲けを出すための方法は、会社によって違うからだ。重要なのは「いくら儲けたか」より、「どうやって儲けたか」。利益の種類をチェックすれば、そのプロセスが洗い出せる。

たとえば、㋑営業利益よりも、㋕営業外収益のほうが多い会社。これは本業の儲けよりも、副業の儲けが多いことを意味している。「財テク上手」という評価もできるが、本業が伸び悩んで、仕方なく手を出しているのかもしれない。トータルでは儲かっていても、こういうケースは手放しで喜べない。かといって、㋑営業利益が㋕営業外収益より多ければOKというわ

利益の中身がわかると
危ないケースが
隠されていることがわかる

損益計算書
○○ 株式会社

自平成13年４月１日
至平成14年３月31日

(単位千円)

Ⅰ売上高		10,200,000	わ
Ⅱ売上原価			
1．期首商品たな卸高	480,000		
2．当期商品仕入高	8,305,000		
3．期末商品たな卸高	500,000	8,285,000	
売上総利益		1,915,000	あ
Ⅲ販売費及び一般管理費		1,415,000	
営業利益		500,000	い
Ⅳ営業外収益			か
1．受取利息	25,000		
2．受取配当金	1,600		
3．雑収入	2,000	28,600	
Ⅴ営業外費用			
1．支払利息	30,000		
2．雑損失	12,000	42,000	
経常利益		486,600	う
Ⅵ特別利益			く
1．土地売却益	150,000		
2．投資有価証券売却益	35,000	185,000	
Ⅶ特別損失			け
1．固定資産売却損	30,000		
2．過年度損益修正	25,000	55,000	
税引前当期利益		616,600	え
法人税、住民税及び事業税		482,256	
当期利益		134,344	お

次のページに注目！

■5つの利益と売上高以外に……

か 営業外収益

く け 特別利益＆損失

……も併せて見ると――

利益の中身

けでもない。(く)特別利益が少なく、(か)営業外収益が異常に少ない場合は、投機で大損していたり、取引先の倒産などで、債権放棄（未収金をあきらめてしまうこと）している危険がある。

また、(い)営業利益が前期より減っていて、(く)特別利益が今期だけ大きい場合も要注意。本業の不足分を、資産を切り売りして補っている可能性があるからだ。こうした数字のトリックにだまされないよう、(い)営業利益、(か)営業外収益、(く)特別利益のバランスを、しっかりチェックしておきたい。

5つの利益に加えて、営業外利益や特別利益、特別損失などを相互に比較。さらに前の期の数字とも比較することで、このように会社の様子が見えてくる。損益計算書だけでも、それなりの会社判断が可能で、危ない会社を見分けることもできる。これが賢い、損益計算書の活用法の基礎編である。

営業外収益《えいぎょうがいしゅうえき》

本業以外の、いわば副業で得た収益のこと。株取引などの財テクや、使っていないビルなどを貸した際の家賃収入などが営業外収益だ。

特別利益《とくべつりえき》

その期だけ臨時的に発生した利益で、固定資産売却益等がある。

投機《とうき》

安いうちに買って、高くなったら売ろうという行為。値上がりによって利ざやを稼ぐことが目的だ。

要点はココ!!

本業の儲け（損）
い 営業利益

本業以外の儲け
か 営業外収益

その年の特別な損益
く け 特別利益&損失
・土地売却益
・投資有価証券売却益

●儲けの中身はこうして見る

① か が い より大きい
→**本業より副業で儲けている**
それ自体悪いことではないが、毎期こうだと本業が心配

② い が か より大きく、く も少ない
→**本業が好調？**
か が異常に小さいと、投機などでマイナスしている可能性も

③ く がこの期だけ大きく い が前期より減少
→**黄信号**
本業の不調を、資産売却で補っている可能性が濃い

う経常利益が前期より減っているのに、え税引前当期利益は前期同様の場合、不動産売却などのく特別利益で補っているケースが少なくない。会社としては危険の前兆？　チェックの必要ありだ。

17 粗利益率で儲け上手がわかる!?

儲かり具合を、かんたんに読み取る

会社は儲けたお金から、営業活動にかかわるコスト（給与、家賃、設備投資など）を支払わなくてはならない。売上高が大きくても、こうした支出が多ければ、儲けはその分減ってしまうわけだ。

出ていくカネを減らして、効率よく儲ける——。これは企業が厳しい時代を生き抜くための必須条件。そこで注目したいのが、5つの利益のなかで、一番最初に出てくる㋐売上総利益。俗にいう「粗利益」だ。この数字をある公式に当てはめれば、会社の儲かり具合を示す「粗利益率（売上総利益率）」がかんたんに算出できる。

▽粗利益率＝粗利益÷売上高×100

左の表の記号に当てはめれば、

㋐÷㋻×100

という数式になる。

「粗利益」を使って儲けの効率をはじき出す

損益計算書
○○ 株式会社

自平成13年４月１日
至平成14年３月31日

(単位千円)

Ⅰ売上高		10,200,000	わ
Ⅱ売上原価			し
1．期首商品たな卸高	480,000		
2．当期商品仕入高	8,305,000		
3．期末商品たな卸高	500,000	8,285,000	
売上総利益		1,915,000	あ
Ⅲ販売費及び一般管理費		1,415,000	
営業利益		500,000	い
Ⅳ営業外収益			
1．受取利息	25,000		
2．受取配当金	1,600		
3．雑収入	2,000	28,600	
Ⅴ営業外費用			
1．支払利息	30,000		
2．雑損失	12,000	42,000	
経常利益		486,600	う
Ⅵ特別利益			
1．土地売却益	150,000		
2．投資有価証券売却益	35,000	185,000	
Ⅶ特別損失			
1．固定資産売却損	30,000		
2．過年度損益修正	25,000	55,000	
税引前当期利益		616,600	え
法人税、住民税及び事業税		482,256	
当期利益		134,344	お

次のページに
注目!

粗利益率

あ÷わ×100

粗利益を求めるには

あ＝わ－し

これさえ覚えれば、どんな会社も一目瞭然。粗利益率の数字が大きければ儲け上手、小さければ儲け下手と判断できる。

だが粗利益率は、単独で見ても意味がない。プロは前期（前年度）に比べて、増えているか減っているか、さらに同業他社と比較して、どのくらいの水準にあるかをチェックする。粗利益率の平均値は業種によって異なるので、左ページを参考にするといいだろう。

同業種の平均以上なら一安心だが、平均以下なら要注意だ。

粗利益率を上げるには、商品の値引き率を抑える、利幅の高い商品を積極的に売る、大量一括仕入れで原価を安くするといった対策が必要になるだろう。

さて、アナタの会社は大丈夫？

粗利益率アップの努力が、損益計算書から読みとれればいいのだが!?

粗利益率《あらりえきりつ》（荒利益率）
売上総利益率のことで、粗利益を売上高で割って計算する。粗利益は、売上高から売上原価を引いたもの。

粗利益《あらりえき》（荒利益）
売上高から売上原価を差し引いた利益部分のことをいう。売上総利益とも呼ばれる。

売上高《うりあげだか》
商品の販売やサービスの提供代金の総額をいう。

要点はココ!!

粗利益率の平均（中小企業庁2000年度調査）

建設業	18.2%
製造業	24.2%
卸売業	22.1%
小売業	39.1%
運輸・通信 不動産業	58.6%

大企業は副業なども多く、ガイドラインを引くことは困難。で、中小企業を例にとったが、今や、この数値を達成している会社は少ない。

18 営業利益率で本業の儲けを知る

営業利益と売上高が示す本業の好不調

その会社が本業で儲けた金額を知るには、営業利益を見ればよい。だが本業が絶好調に見える会社でも、その儲けが適正かどうかはまだわからない。そこで今度は、本業で要領よく儲けているかどうか、調べてみる必要がある。

これを知る目安は、営業利益率という数字。前項目の粗利益率は「会社全体の儲かり具合」を示すものだが、営業利益率は「本業における儲かり具合」を教えてくれる。計算方法は粗利益率と同じで、とても単純。これも暗記してしまおう。

▽営業利益率＝い営業利益÷わ売上高×100

つまり、売上高に対して、営業利益（本業の儲け）が何%になるかを調べればよいのだ。左の損益計算書のサンプルを使って、実際に計算

額に汗して働いた本業で
どれだけ効率的に儲けたかを知る

損益計算書

○○ 株式会社

自平成13年4月1日
至平成14年3月31日　　(単位千円)

Ⅰ売上高		10,200,000	わ
Ⅱ売上原価			
1．期首商品たな卸高	480,000		
2．当期商品仕入高	8,305,000		
3．期末商品たな卸高	500,000	8,285,000	
売上総利益		1,915,000	あ
Ⅲ販売費及び一般管理費		1,415,000	こ
営業利益		500,000	い
Ⅳ営業外収益			
1．受取利息	25,000		
2．受取配当金	1,600		
3．雑収入	2,000	28,600	
Ⅴ営業外費用			
1．支払利息	30,000		
2．雑損失	12,000	42,000	
経常利益		486,600	う
Ⅵ特別利益			
1．土地売却益	150,000		
2．投資有価証券売却益	35,000	185,000	
Ⅶ特別損失			
1．固定資産売却損	30,000		
2．過年度損益修正	25,000	55,000	
税引前当期利益		616,600	え
法人税、住民税及び事業税		482,256	
当期利益		134,344	お

次のページに注目!

営業利益率

い÷わ×100

営業利益を求めるには

い＝あ－こ

してみよう。
▽営業利益率＝い5億円÷わ102億円×100

出てきた数字は4・90196。この会社の営業利益率はおよそ5％とわかる。これを同業の平均値と比べれば、適正な儲けが出ているかどうか判断できる。製造業は5～6％、卸売業は2～2・5％、小売業は5～6％が平均値（左ページ下の表参照）だ。この数字を1％以上割りこんだら危険地帯。前期、前々期と比較して、減りつづけていたらさらに警戒するべきだ。

なぜなら、本業で利益を出せないにもかかわらず、会社が存続しているということは、資産を切り売りするなどで、しのいでいる可能性が大。やがて売るものがなくなれば、本業が不振である以上、倒産などの危機が忍び寄るに違いないからだ。

営業利益率《えいぎょうりえきりつ》

営業利益を売上高で割って求める指標。％で表わされ、製造業、小売業で5～6％、卸売業で2～2・5％が目安。

営業利益《えいぎょうりえき》

会社の本業である主な営業取引によって得た儲けのこと。粗利益（売上総利益）から「販売費及び一般管理費」に区分される営業費用を引いたもの。

売上高《うりあげだか》

商品の販売やサービスの提供代金の総額をいう。

要点はココ!!

い 営業利益でわかること

営業利益――5億円

売上高から「原価」と「経費」を差し引いた、本業だけの儲け

↓

数字だけではよくわからない。
そこで……

↓

営業利益率がキーに

↓

この数字に注目!!

目安として――

製造業	5～6%
流通業	2～2.5%
小売業	5～6%

19 経常利益率が示す会社の実力

会社全体の実力がわかってくる

粗利益率と営業利益率が、同業の平均値を上回っていたら、「儲かり具合」はひとまず安心といえる。

とはいえ、実際の会社経営では、本業以外の部分でさまざまな利益や損失が発生している。本業以外、つまり副業によって発生した収支（(か)営業外収益と(き)営業外費用）を合算してはじきだされる経常利益で、会社がトータルで達成した利益をつかむことが肝心だ。

経常利益は、企業全体の実力を見る上で欠かせない数字。たとえば、A社とB社で売上高、粗利益、営業利益がまったく同じケースでも、副業の業績によって、経常利益で大きく差が開くことがある。

会社の実態を表わしているのは、経常利益にほかならないのだ。

同業、同規模の会社で経常利益を比べる場合

結局、会社の良し悪しを知るのは経常利益率だ！

損益計算書

○○ 株式会社

自平成13年 4 月 1 日
至平成14年 3 月31日

(単位千円)

Ⅰ売上高		10,200,000	わ
Ⅱ売上原価			
1．期首商品たな卸高	480,000		
2．当期商品仕入高	8,305,000		
3．期末商品たな卸高	500,000	8,285,000	
売上総利益		1,915,000	あ
Ⅲ販売費及び一般管理費		1,415,000	
営業利益		500,000	い
Ⅳ営業外収益			
1．受取利息	25,000		
2．受取配当金	1,600		
3．雑収入	2,000	28,600	か
Ⅴ営業外費用			
1．支払利息	30,000		
2．雑損失	12,000	42,000	き
経常利益		486,600	う
Ⅵ特別利益			
1．土地売却益	150,000		
2．投資有価証券売却益	35,000	185,000	
Ⅶ特別損失			
1．固定資産売却損	30,000		
2．過年度損益修正	25,000	55,000	
税引前当期利益		616,600	え
法人税、住民税及び事業税		482,256	
当期利益		134,344	お

次のページに
注目!

経常利益率

う ÷ わ ×100

経常利益を求めるには

う＝い＋か－き

は、「少ないほうが危険」と考えていい。が、単純に金額を比べるだけでは、その危険度は判断しにくい。そこで利用したいのが、経常利益率という尺度だ。数式に直すと、

▽経常利益率＝う経常利益÷わ売上高×100

売上高に対して、トータルで何％儲けたかを示している。

もちろん、これも業種別平均値との比較が重要。製造・流通業なら5〜7％、サービス業なら15％がその目安だ。

会社の経営を見極めるのに、経常利益、経常利益率を手がかりにする人は少なくなく、決算書を見るサラリーマンにも有効である。

自分の会社、取引先の会社が、とりあえず安全かどうかを決算書で判断したいなら、損益計算書を使って、経常利益率を算出し、合格ラインにあるか否かを見ればいいのだ！

経常利益率《けいじょうりえきりつ》

経常利益を売上高で割ったもの。営業活動および財務活動の結果として生じた利益を示す。売上高対経常利益率とも呼ばれる。

営業外収益《えいぎょうがいしゅうえき》

本業以外の、いわば副業で得た収益のこと。株取引などの財テクや、使っていないビルなどを貸した際の家賃収入などが営業外収益だ。

営業外費用《えいぎょうがいひよう》

会社の本来の営業活動以外で発生した費用のこと。支払利息や有価証券売却損など。

要点はココ!!

う 経常利益でわかること

経常利益――4億8,660万円

本業の利益と副業の利益を加え、統括的な会社の儲け

↓

数字だけではよくわからない。
そこで……

↓

経常利益率がキーに

↓

この数字に注目!!

目安として――

製造・流通業	5～7%
サービス業	15%

20 損益計算書は前の年と比較する

数字の増減が語る会社の見えない部分

さあ注目！　左ページに見慣れない書類「比較損益計算書」が登場した。これは、２年度分の損益計算書をコンパクトにまとめたもの。損益計算書に書かれているのは「一定期間の」数字だが、比較損益計算書では、それが前年度と比べてどう変化したか、一目でわかるようになっている。決算書を読みこなすには、とにかく「比べること」が重要。時系列に観察すれば、その会社の成長具合が手に取るようにわかってしまうのだ。

時系列といっても難しく考えることはない。要は、前年度に比べて増えたか減ったかを見ればいいのだ。最初に見るのは**わ**売上高。売上至上主義はもう古いとされるが、これが減るというのはやはり黄信号だからだ。

左ページは、ユニクロの比較損益計算書だが、

去年に比べて今年は利益が半分に！
その年だけでは
会社の力はわからない

ユニクロ　比較損益計算書

（単位：百万円）

期別 / 科目	当期 自平成13年9月1日 至平成14年8月31日 金額	前期 自平成12年9月1日 至平成13年8月31日 金額	増減金額 金額	
Ⅰ 売上高	341,640	418,561	△76,920	わ
Ⅱ 売上原価	192,088	218,739	△26,651	
売上総利益	149,552	199,821	△50,268	あ
Ⅲ 販売費及び一般管理費	95,541	97,740	△2,198	
営業利益	54,011	102,081	△48,070	い
Ⅳ 営業外収益	1,407	1,577	△170	
1 受取利息及び配当金	667	1,061	△393	
2 仕入割引	42	70	△28	
3 為替差益	365	—	365	
4 その他の営業外収益	331	445	△114	
Ⅴ 営業外費用	644	441	202	
1 支払利息	317	136	180	
2 新株発行費	16	43	△27	
3 その他の営業外費用	310	260	50	
経常利益	54,774	103,217	△48,443	う
Ⅵ 特別利益	109	25	84	
1 貸倒引当金戻入益	—	25	△25	
2 退職給付引当金戻入益	109	—	109	
Ⅶ 特別損失	773	709	63	
1 固定資産除却損	709	75	634	
2 店舗閉店損失	64	51	12	
3 ゴルフ会員権評価損	—	5	△85	
4 退職給付会計変更時差異	—	58	△58	
5 リース中途解約金	—	439	△439	
税引前当期利益	54,109	102,533	△48,423	え
法人税、住民税及び事業税	19,874	44,150	△24,276	
法人税等調整額	2,717	△809	3,526	
当期純利益	31,518	59,192	△27,673	お
前期繰越利益	3,830	2,815	1,015	
中間配当額	3,560	3,171	388	
中間配当に伴う				
利益準備金積立額	—	184	△184	
当期未処分利益	31,789	58,651	△26,861	

次のページに注目!

2002年10月に公表された、ユニクロの比較損益計算書。5つの利益ともに△印が付く減少を示した。どう見ても、業績好調とはいえないだけでなく、厳しい経営を迫られていることが伺える。

2002年8月期の売上は大きく減っている。その影響は当然あ売上総利益にも出て、この数字も減っていることがわかる。否、売上総利益だけではない。い営業利益も、う経常利益も、そしてえ税引前当期利益、お当期利益とも減っていることが示されている。

「減収減益」と、新聞などの報道で伝えられたユニクロの経営状態は、この比較損益計算書が的確に表わしていると考えていいだろう。

ただ、確かに前期比較すると5つの利益とも減少しているが、どれもマイナスにはなっていない。1年間営業して、損失を出す会社が目立つ不況下だが、きちんと利益を出していることは評価すべきだろう。

これまでの躍進に比べると、大きくブレーキがかかったのは事実。だが、この1年間が立て直しの期間で、来期には再び「躍進のユニクロ」という数字が見られるかも知れない。

比較損益計算書《ひかくそんえきけいさんしょ》
今期と前期、前々期の数値を比較する損益計算書。数値の増減が一目できる利便さがある。

営業利益率《えいぎょうりえきりつ》
営業利益を売上高で割って求める指標。%で表わされ、製造業、小売業で5～6%、卸売業で2～2・5%が目安。

経常利益率《けいじょうりえきりつ》
経常利益を売上高で割ったもの。営業活動および財務活動の結果として生じた利益を示す。売上高対経常利益率とも呼ばれる。

●前の年度と比較することでわかることは？

要点はココ!!

営業利益率を前期と比較

①数値が上がった→販売費及び一般管理費が減少→健全

②数値が下がった→販売費及び一般管理費が増加→黄信号

↓

要因 必要以上の人員増または必要以上の家賃を払っている可能性が高い

経常利益率を前期と比較

①数値が上がった→営業外費用が減少→健全

②数値が下がった→営業外費用が増加→黄信号

↓

要因 支払金利息が増えた可能性が高く、無理な規模拡大や営業外の支出がかさんでいる可能性が!

21 販売費及び一般管理費を知っておこう

それぞれの利益を導く数字の意味

本業の儲けを示す営業利益は、粗利益から販売費及び一般管理費をさし引いて算出した。左の図に当てはめると、(い)＝(あ)−(こ)という数式になる。

ところで、この販売費及び一般管理費。やけに長ったらしい名前だが、大ざっぱに言うと、「営業活動を成り立たせるために必要な費用」のことだ。

これは、会社が本業を維持するのに必要なすべてのお金のことだ。販売費には、営業マンの人件費、営業車両の維持費やガソリン代、広告宣伝費など、商品の販売に直結する費用が含まれている。

残りの一般管理費に相当するのは、こうした販売活動を成り立たせるために必要な接待費、通信費、家賃、水道光熱費、保険料、総務や経理担当者の人件費など、会社全体の管理にかか

決算書の数字を左右する大きな要素だが、中身までは気にしなくていい

損益計算書
○○ 株式会社

自平成13年4月1日
至平成14年3月31日

(単位千円)

Ⅰ売上高		10,200,000	わ
Ⅱ売上原価			
1．期首商品たな卸高	480,000		
2．当期商品仕入高	8,305,000		
3．期末商品たな卸高	500,000	8,285,000	さ
売上総利益		1,915,000	あ
Ⅲ販売費及び一般管理費		1,415,000	こ
営業利益		500,000	い
Ⅳ営業外収益			
1．受取利息	25,000		
2．受取配当金	1,600		
3．雑収入	2,000	28,600	
Ⅴ営業外費用			
1．支払利息	30,000		
2．雑損失	12,000	42,000	
経常利益		486,600	う
Ⅵ特別利益			
1．土地売却益	150,000		
2．投資有価証券売却益	35,000	185,000	
Ⅶ特別損失			
1．固定資産売却損	30,000		
2．過年度損益修正	25,000	55,000	
税引前当期利益		616,600	え
法人税、住民税及び事業税		482,256	
当期利益		134,344	お

こ 販売費及び一般管理費

・粗利益（売上総利益）と営業利益を関連させる費用

あ－こ＝い

・売上に対して少ないほうがいい
・経営者の手腕によって削減できる

次のページに注目！

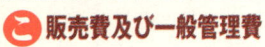

わる経費だ。

サラリーマンは、こうした費用を立て替えた場合、もちろん「経費」として精算できるのだが、中には会社の携帯電話を私用で使って、全額請求するチャッカリ者もいる。そんな社員が多い会社は、販売費及び一般管理費がふくれ上がり、営業利益が本来より目減りしているはず。販売費及び一般管理費をいかに低く抑えるかは、経営者の腕次第。

従業員にとっては窮屈な話だが、「経費削減」は決算書の数字に直接かかわる重要なスローガンなのだ。

そして危ない会社を「経費」から見抜くことも、決算書、特に損益計算書は有効といえなくない。

販売費及び一般管理費が、同業他社と比較して多かったり、前の期と比較して改善されていない場合がそれにあたる。

販売費《はんばいひ》

売上を上げるのに要したコストのこと。具体的には、営業マンの給料や広告宣伝費など。

一般管理費《いっぱんかんりひ》
(販管費《はんかんひ》・営業経費《えいぎょうけいひ》)

業務を成り立たせるために必要な交際費や通信費、家賃、水道光熱費、保険料、諸会費、計理士や総務・経理社員の給料など、企業全般にわたる経費。

要点はココ!!

主な「販売費及び一般管理費」一覧

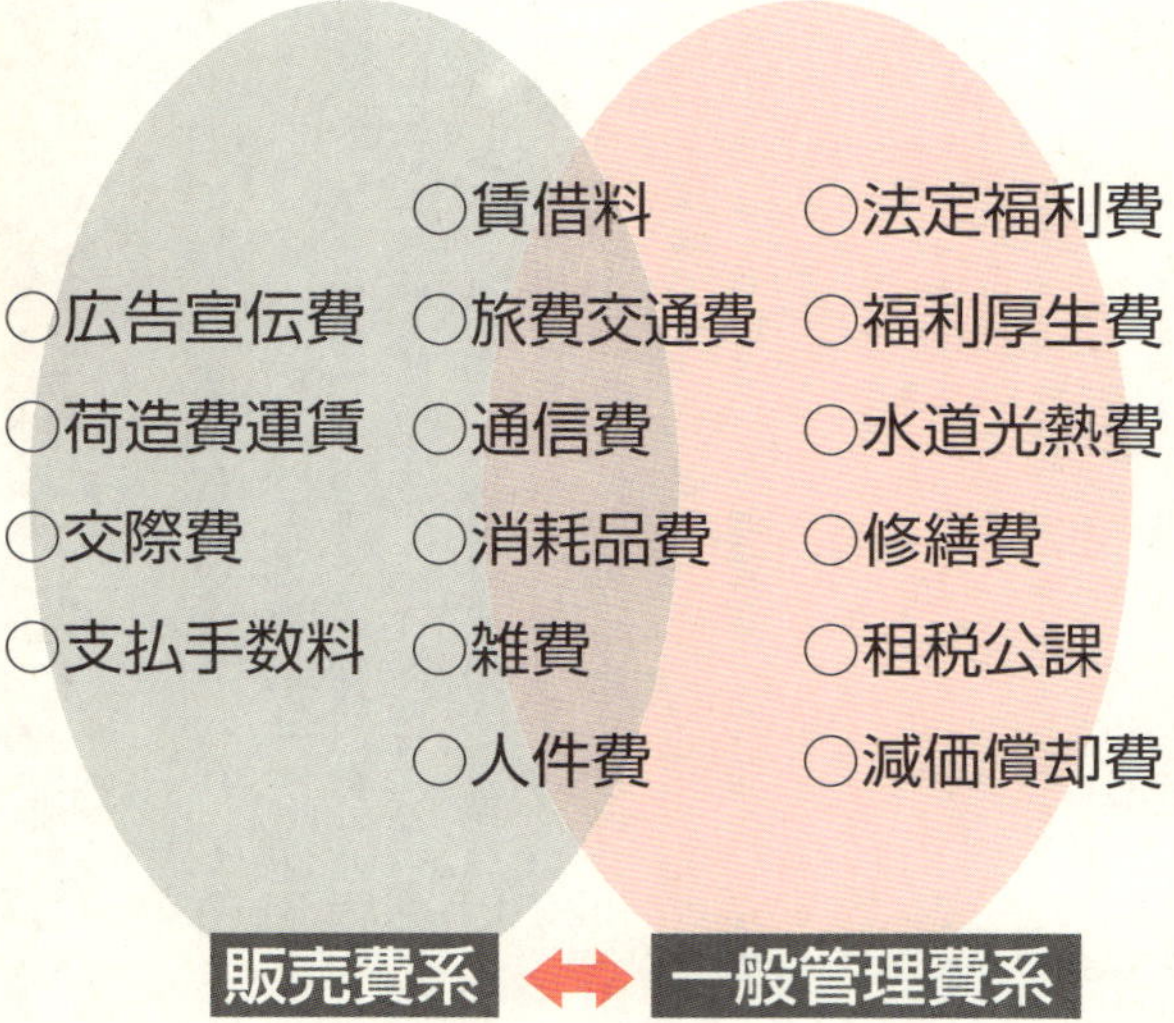

営業にかかる費用は「販売費」「一般管理費」と、そのどちらにも属しそうな費目もあり、「販売費及び一般管理費」と呼ぶ。

22 営業外収益&費用はどんなものか?

会社の財テク能力を知る手がかり

本業以外のさまざまな活動を示す数字

今となっては信じがたい話だが、バブル期には多くの会社が土地や株に投資して、本業より多額の利益を稼ぎ出していたことがあった。だがバブル崩壊後は資産価値が暴落、大半の会社が莫大な負債に苦しむことになる。

表向きの本業がすこぶる順調でも、裏へ回れば借金の支払いで精一杯、いくら儲けても焼け石に水……。会社は本業以外にも利益や損失を生む活動（財テクなど）をしていて、その結果次第で、利益の数字が大きく変わってしまうのだ。こうした会社の「潜在能力」を見抜くには、損益計算書で「営業外」のつく項目、営業外収益と営業外費用の2つをチェックするといい。

まずは営業外収益。預貯金の利息、有価証券の配当や売却益、不動産を持っている場合はその賃貸収入などが当てはまり、「本業以外で儲

損益計算書
○○ 株式会社

自平成13年４月１日
至平成14年３月31日

(単位千円)

Ⅰ売上高		10,200,000	わ
Ⅱ売上原価			
1．期首商品たな卸高	480,000		
2．当期商品仕入高	8,305,000		
3．期末商品たな卸高	500,000	8,285,000	
売上総利益		1,915,000	あ
Ⅲ販売費及び一般管理費		1,415,000	
営業利益		500,000	い
Ⅳ営業外収益			か
1．受取利息	25,000		
2．受取配当金	1,600		
3．雑収入	2,000	28,600	
Ⅴ営業外費用			き
1．支払利息	30,000		
2．雑損失	12,000	42,000	
経常利益		486,600	う
Ⅵ特別利益			
1．土地売却益	150,000		
2．投資有価証券売却益	35,000	185,000	
Ⅶ特別損失			
1．固定資産売却損	30,000		
2．過年度損益修正	25,000	55,000	
税引前当期利益		616,600	え
法人税、住民税及び事業税		482,256	
当期利益		134,344	お

要点はココ!!

本業以外の儲け
か 営業外収益

本業の儲け（損）
い 営業利益

本業以外の費用
き 営業外費用

けた金額」が記載される。対して営業外費用の欄には、「本業以外で損をした金額」が書かれる。営業外収益が営業外費用より多ければＯＫだが、これが逆転していたら、財テクで失敗した可能性が高い。

危ない会社を決算書で見分けるとき、一般のサラリーマンが判断ミスをするのがこの部分。本業が好調だから会社は安全と考えてしまうからだ。しかし実際には、本業の足を引っ張る経営上の問題が「営業外」で起こっている場合が少なくない。

この「営業外」の収支は、損益計算書の顔ともいうべき経常利益と直結している。営業利益に比して経常利益があまりにも少ない場合、営業外の利益損失をしっかり観察したい。

どんなに本業が好調と伝えられていても、紺も落とし穴にはまっている会社は、やがて倒産に至る可能性があるのだ！

営業外収益《えいぎょうがいしゅうえき》

本業以外の、いわば副業で得た収益のこと。株取引などの財テクや、使っていないビルなどを貸した際の家賃収入などが営業外収益だ。

営業外費用《えいぎょうがいひよう》

会社の本来の営業活動以外で発生した費用のこと。支払利息や有価証券売却損など。

有価証券売却益《ゆうかしょうけんばいきゃくえき》（売却損《ばいきゃくそん》）

証券取引所が指定する一部上場、二部上場の株券や投資信託、国債、地方債などの有価証券を売却して得た損益。

主な営業外収益	主な営業外費用
受取利息	支払利息
受取配当金	手形割引料
有価証券売却益	社債利息
仕入割引	有価証券売却損・評価損
不動産賃貸料収入	売上割引
為替差益	為替差損
雑収入	雑損失

営業外活動の代表的な収支項目としては、上記のようなものがある。すべてを覚える必要はないが、だいたいどういうものがあるかくらいは知っておきたい。

有価証券《ゆうかしょうけん》

財産権を表示する印刷券で、その権利の移転または行使に証券が必要なもの。株券や債券がよく知られるが、手形、小切手、船荷証券、倉庫証券、貨物引換証、そして商品券もこれに属す。

為替差益《かわせさえき》

2国間の貨幣における交換レートを利用して行う為替取引によって稼ぐことのできる利ざや。

23 特別利益&損失というものもある

赤字から一転、黒字へ変える特別な芸当

友達が電撃入籍してお祝いが必要になる……といった「臨時出費」は、誰しも経験があるだろう。もちろん、これとは逆に、引越し祝いをもらったり、懸賞で旅行券が当たるなど、思いがけない収入に恵まれることもある。

同じように、会社にも通常では発生しない出費や収入が存在する。次見開き左ページの①～⑦の項目を見てほしい。これらは全部、本業や副業とは関係のないところで発生した「臨時の」損益。損益計算書では、これらをまとめて「特別損益」と呼び、独自の欄を設けている。

特別利益のうち、最も多いのが①。読んで字のごとく、会社が保有する不動産などを売却した利益である。が、最近増えてきた⑦の債務免除等にも注目しよう。経営危機に陥った企業が、金融機関からの借入金を免除されるパターンが

日常的業務によるものではない特別扱いの儲けや損がある！

損益計算書
○○ 株式会社

自平成13年４月１日
至平成14年３月31日　　(単位千円)

Ⅰ売上高		10,200,000	わ
Ⅱ売上原価			
1．期首商品たな卸高	480,000		
2．当期商品仕入高	8,305,000		
3．期末商品たな卸高	500,000	8,285,000	
売上総利益		1,915,000	あ
Ⅲ販売費及び一般管理費		1,415,000	
営業利益		500,000	い
Ⅳ営業外収益			
1．受取利息	25,000		
2．受取配当金	1,600		
3．雑収入	2,000	28,600	
Ⅴ営業外費用			
1．支払利息	30,000		
2．雑損失	12,000	42,000	
経常利益		486,600	う
Ⅵ特別利益			く
1．土地売却益	150,000		
2．投資有価証券売却益	35,000	185,000	
Ⅶ特別損失			け
1．固定資産売却損	30,000		
2．過年度損益修正	25,000	55,000	
税引前当期利益		616,600	え
法人税、住民税及び事業税		482,256	
当期利益		134,344	お

特別利益が経常利益を上回ると→黄信号の可能性

く＞う　経常利益が極めて悪化しているか、特別利益が膨れ上がったかであることは確実。業績は好調でも不動産を売るなどして特別利益が膨らむことはあり、多くの場合は危険信号だ。

要点はココ!!

さらに……

自社ビル売却などで当期利益を確保したとすると経営が厳しい可能性がふくらむ→赤信号

これ。だが倒産や破たんが増えている昨今は、反対に取引先への債権を放棄せざるをえないケースも起こりうる。このように、「思わぬ事故」で発生した損失は、下段の特別損失の欄に書きこまれる。

ところで、「赤字予想が一転して黒字化」といった報道を時折見かけるが、実はここにも特別利益がからんでいることがある。

特別利益が経常利益を上回っている場合は「危険信号」。本業や財テクで出した赤字を、不動産売却や債務免除などで穴埋めしている可能性がある。特別利益を注意深く見ていれば、表面だけの「いいニュース」に踊らされずに済むわけだ。

損益計算書の5つの利益と3つの利益率をマスターするには、特別利益&損失という細目まではどうしても覚えておきたい！

特別利益《とくべつりえき》
その期だけ臨時的に発生した利益で、固定資産売却益等がある。

特別損失《とくべつそんしつ》
その期だけ臨時的に発生した損失で、固定資産売却損等がある。

債務免除《さいむめんじょ》
民法上で、貸している人が借りている人に対する一方的な意思表示で、支払わなければならない義務を消滅させること。

く 特別利益と け 特別損失

①不動産など固定資産の売却利益(損)
②長期間保有した株式等の売却利益(損)
③役員保険金の受取
④役員退職金
⑤風水害、火災などの損失
⑥過年度の損益修正
⑦債務免除（債務放棄）等

営業活動や投資活動などの一般的活動以外から出た損益が、特別損益と呼ばれるもの。日本経済そのものがかつてないほど低迷している昨今、より重視すべき項目になった。

固定資産《こていしさん》

1年を超えて所有したり、使用する資産のことをいう。有形固定資産、無形固定資産、投資等の3つに区分される。

役員保険金《やくいんほけんきん》

会社役員は原則として労働保険（雇用・労災）には加入できない。近年は役員が業務上の責任を問われることが多くなっているため、万が一、損害賠償請求を受けた時のための損害賠償保険に加入することも。この場合、保険金は本人ではなく、会社が受け取る。

24 5つの利益の計算法をおさらいする！

5つの利益の流れ

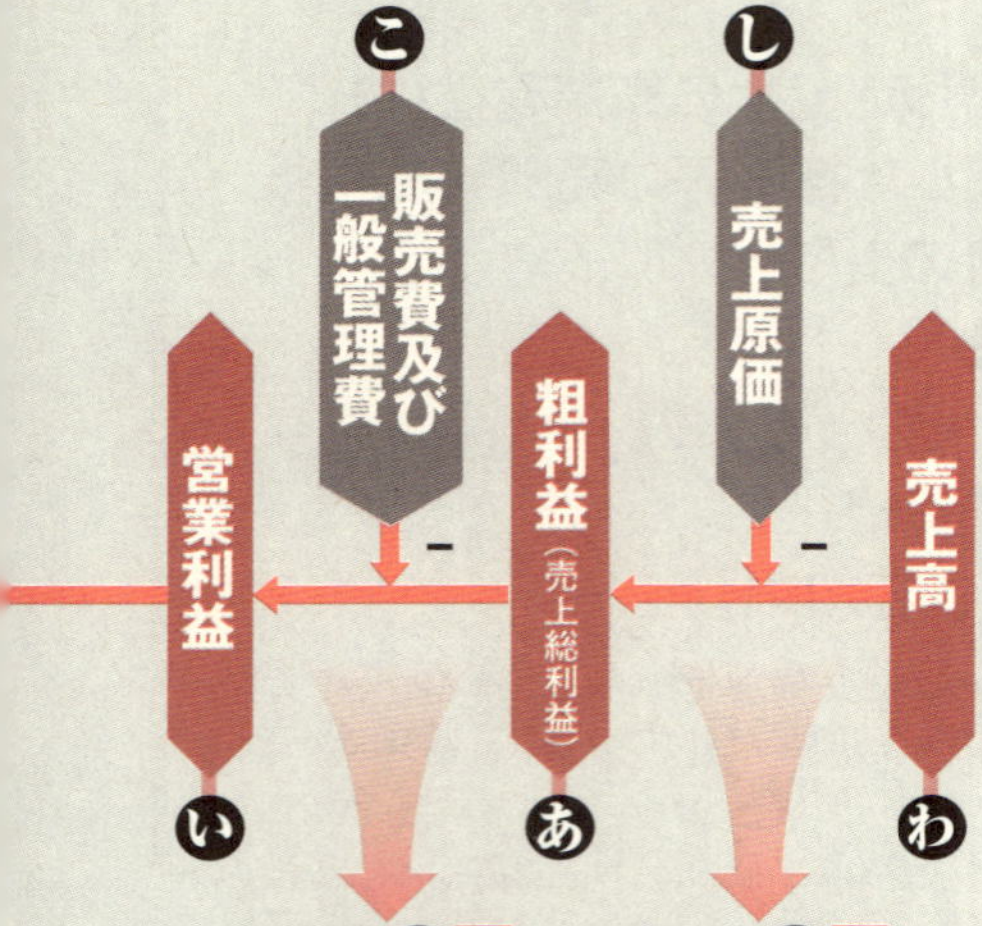

5つの利益の計算法

粗利益

わ−し＝あ

「いくらで仕入れ、いくらで売ったか」を知れば、利益を大雑把につかむことができる。仕入と販売能力の指標だ。

営業利益

あ−こ＝い

本業における実力を診断する。いかに経費を抑えて効率的に儲けられたかを知るのに役立つ。

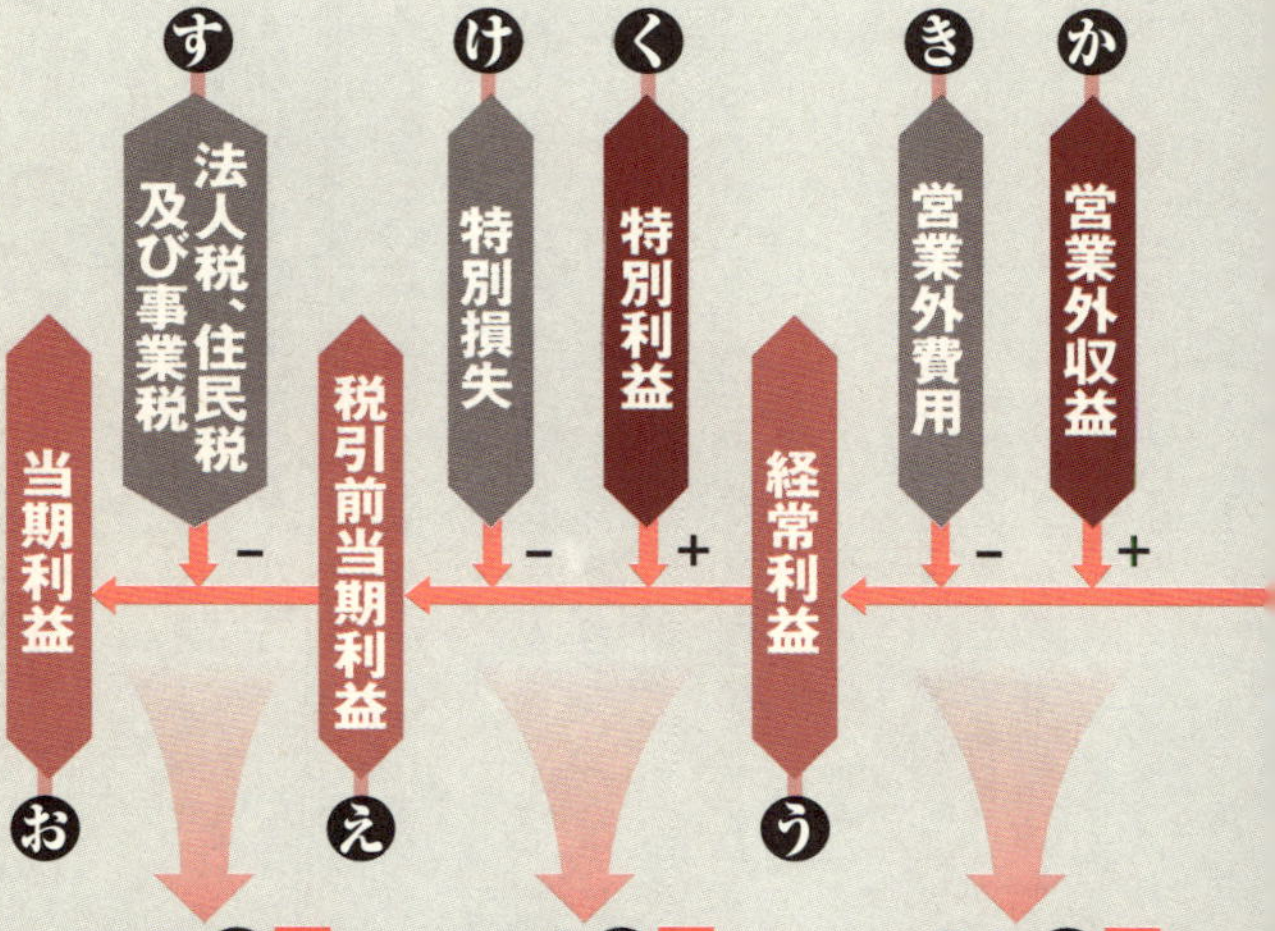

経常利益
い＋か－き＝う

会社の平常時における活動でもたらされた最終的な利益。本業と副業を総合した、会社の評価に役立つ。

税引前当期利益
う＋く－け＝え

経常利益に、その決算期にたまたま発生した損益を加減することによってはじき出された当期の利益。

当期利益
え－す＝お

税引前当期利益から法人税や事業税、法人住民税などを差し引いた最終的な利益。これをベースに株式総会で利益処分が決まる。

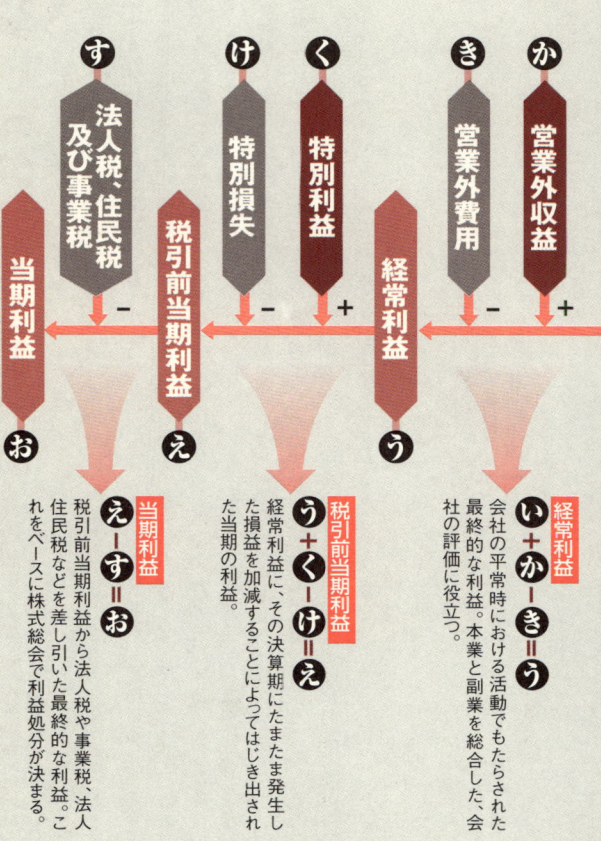

25 トヨタとダイエーを計算してみよう

粗利益率はダイエーがリードしているが……

日本で最も儲かっている会社というと、トヨタと答える人が多いに違いない。もちろん正解である。そして日本で最も苦しい大会社というと、子会社である人気球団、福岡ダイエーホークスの身売り話が取りざたされるダイエーだろうか?

そこでこの2社の、3つの利益率を比較することにしよう。

意外なことに、粗利益率ではダイエーがトヨタを上回っている。製造業と流通業では単純比較できないが、びっくりする人も少なくないはずだ。ただし営業利益率、経常利益率ではトヨタが断然。ダイエーは「有利子負債」といわれる借金返済で利益を潰してしまっているのだろう。やはり、トヨタの儲ける力は大きいものなのである!

3つの利益率で実感する会社の儲ける力

■3つの利益率

粗利益率（売上総利益率）

あ 粗利益÷わ 売上高×100

営業利益率

い 営業利益÷わ 売上高×100

経常利益率

う 経常利益÷わ 売上高×100

■数字は物語る……

	トヨタ	ダイエー
粗利益率	20.1%	24.3%
営業利益率	9.0%	1.3%
経常利益率	9.3%	0.8%

26 日産の決算書を見てみよう

決算要旨公告を廃止したがウェブから情報を入手

上場企業に義務づけられていた新聞紙上での決算要旨公告掲載。2002年3月に商法が改正され、ウェブで要旨公告に代わる情報開示をすれば、公告掲載の義務がなくなった。とはいえ多くの上場会社は、相変わらず新聞公告を続けているが、コストカッター、C・ゴーン率いる日産はあっさり廃止してしまった。

で、ウェブから情報を取ると、子会社を含めない売上が3兆198億円で、子会社を含めると6兆1962億円。当期利益も1兆8344億円になり、どの数字も前期を上回っていることがわかる。

徹底したコストの圧縮効果もあって、V字復は順調に進んでいることを数字が示している。日産のV字回復、決算要旨公告で見られなかったのがちょっぴり残念でもある⁉

日産はV字回復しているか決算書で見てみよう！

日産

○第101期

取締役社長　カルロス ゴーン

貸借対照表の要旨

（平成12年3月31日現在）

（単位：億円）

科目	金額	科目	金額
（資産の部）		（負債の部）	
流動資産	14,799	流動負債	9,926
現金預金	2,758	支払手形・買掛金	3,532
受取手形・売掛金	4,201	短期借入金	1,408
有価証券	2,011	コマーシャル・ペーパー	1,870
棚卸資産	1,272	一年以内償還の社債	750
その他	4,554	その他	2,365
固定資産	20,838	固定負債	13,081
有形固定資産	6,918	社債	7,242
建物・構築物	2,132	長期借入金	1,849
機械装置	1,353	その他	3,989
その他	2,432	負債合計	23,007
無形固定資産	167	（資本の部）	
投資等	14,763	資本金	4,968
子会社株式	13,265	法定準備金	7,412
長期貸付金	530	剰余金	252
その他	966	（うち当期損失）	(7,900)
		資本合計	12,630
資産合計	36,638	負債・資本合計	36,638

（注）1. 有形固定資産の減価償却累計額　16,717億円
2. 1株当たりの当期損失　198円64銭

損益計算書の要旨

（自 平成 11年4月1日
至 平成 12年3月31日）

（単位：億円）

科目	金額
営業収益	29,970
営業費用	30,126
営業損失	156
営業外損益（損）	201
経常損失	358
特別損益（損）	7,497
税引前当期損失	7,856
法人税、住民税及び事業税	44
当期損失	7,900
前期繰越利益	3
過年度税効果調整額	△ 100
[illegible]	378
当期未処理損失	7,619

（備考）記載金額は億円未満を切り捨てて表示しております。

○第102期

取締役社長　カルロス ゴーン

貸借対照表の要旨

（平成13年3月31日現在）

（単位：億円）

科目	金額	科目	金額
（資産の部）		（負債の部）	
流動資産	13,335	流動負債	10,022
現金預金	1,607	支払手形・買掛金	3,251
受取手形・売掛金	4,111	短期借入金	753
棚卸資産	932	コマーシャル・ペーパー	1,755
その他	6,684	一年以内償還の社債	1,750
固定資産	22,396	その他	2,512
有形固定資産	5,398	固定負債	11,240
建物・構築物	1,799	社債	6,442
機械装置	1,516	長期借入金	1,537
その他	2,082	その他	3,260
無形固定資産	183	負債合計	21,263
投資等	16,815	（資本の部）	
子会社株式	13,577	資本金	4,968
長期貸付金	482	法定準備金	7,412
その他	2,755	剰余金	2,127
繰延資産	32	（うち当期利益）	(1,874)
		その他有価証券評価差額金	△4
		資本合計	14,501
資産合計	35,764	負債・資本合計	35,764

（注）1. 有形固定資産の減価償却累計額　14,650億円
2. 1株当たりの当期利益　47円14銭

損益計算書の要旨

（自 平成 12年4月1日
至 平成 13年3月31日）

（単位：億円）

科目	金額
営業収益	29,801
営業費用	28,523
営業利益	1,277
営業外損益（益）	79
経常利益	1,356
特別損益（損）	418
税引前当期利益	938
法人税、住民税及び事業税	54
法人税等調整額	△991
当期利益	1,874
前期繰越損失	7,667
当期未処理損失	5,792

（備考）記載金額は億円未満を切り捨てて表示しております。

回復は着実に進んでいるようだ

要点はココ!!

第103期は……

ゴーン社長⇒決算要旨公告廃止

27 松下電器の決算書を見てみよう

売上の伸びに比較して利益は大きく伸びている！

かつて家電のキングの座を欲しいままにしていた松下電器。だがこの数年、パソコン関連事業進出の遅れがひびき、経営の低迷が続いていた。もちろん、立て直しにも取り組み、創業者・松下幸之助の主義であったファミリーイズムも大胆に捨て、ドラスティックなリストラを敢行した。

人的なリストラだけでなく、さまざまなコスト圧縮の道を探る。その表われのひとつが、決算要旨公告の新聞掲載の廃止。商法改正による算要旨公告の不要を、法改正と同時に実施した会社は少なかったが、松下電器は率先して行ったのである。そんな努力が実を結び、売上が前期から今期へ6％の伸びに止まったものの、税引前当期利益はなんと56％もの伸びに！　松下の経営努力を、数字が示したのである。

経営の神様なきあとの大改革は進んでいるか？決算書で見てみよう！

National/Panasonic

第93期決算公告

平成12年6月30日

大阪府門真市大字門真1006番地
松下電器産業株式会社
取締役社長　中村邦夫

貸借対照表の要旨
(平成12年3月31日現在)

資産の部	億円
流動資産	17,964
現金預金	7,256
受取手形・売掛金	6,831
有価証券	173
棚卸資産	1,963
その他	1,002
貸倒引当金	△ 93
繰延税金資産	830
固定資産	26,874
有形固定資産	3,439
無形固定資産	107
投資等	23,326
投資有価証券	6,008
子会社株式	14,396
その他	1,572
繰延税金資産	1,349
資産合計	44,838

負債の部	億円
流動負債	13,106
支払手形・買掛金	5,897
未払金・未払費用	2,501
その他	4,707
固定負債	5,983
社債	1,252
転換社債	1,973
退職給与引当金	1,786
その他	970
負債合計	19,089
資本の部	
資本金	2,097
法定準備金	2,923
剰余金	20,727
(うち当期利益)	(423)
資本合計	25,748
負債・資本合計	44,838

(注)　1. 有形固定資産の減価償却累計額　7,973億円
　　　2. 1株当たり当期利益　20円53銭

損益計算書の要旨
(平成11年4月1日から
平成12年3月31日まで)

	億円
売上高	45,532
売上原価	[illegible]
販売費及び一般管理費	6,347
営業利益	752
営業外収益	914
営業外費用	531
経常利益	1,135
特別利益	74
特別損失	[illegible]
税引前当期利益	482
法人税、住民税及び事業税	392
法人税等調整額	△ 333
当期利益	423
前期繰越利益	406
過年度税効果調整額	1,846
中間配当額	128
利益準備金積立額	0
当期未処分利益	2,547

わ　売上高
え　税引前当期利益

National/Panasonic

第94期決算公告

平成13年6月29日

大阪府門真市大字門真1006番地
松下電器産業株式会社
取締役社長　中村邦夫

貸借対照表の要旨
(平成13年3月31日現在)

資産の部	億円
流動資産	18,397
現金預金	6,653
受取手形・売掛金	7,297
有価証券	23
棚卸資産	2,205
繰延税金資産	1,010
その他	1,263
貸倒引当金	△ 56
固定資産	27,597
有形固定資産	3,291
無形固定資産	228
投資等	24,077
投資有価証券	6,985
子会社株式	14,999
繰延税金資産	935
その他	1,155
資産合計	45,995

負債の部	億円
流動負債	13,775
支払手形・買掛金	5,930
未払金・未払費用	2,720
転換社債(1年以内に償還)	987
その他	4,137
固定負債	5,052
社債	1,252
転換社債	977
退職給付引当金	2,224
その他	598
負債合計	18,828
資本の部	
資本金	2,109
法定準備金	3,353
剰余金	21,099
(うち当期利益)	(636)
評価差額金	603
資本合計	27,156
負債・資本合計	45,995

(注)　1. 有形固定資産の減価償却累計額　7,922億円
　　　2. 1株当たり当期利益　30円63銭
　　　3. 商法第290条第1項第5号、第6号に規定する合計額　610億円

損益計算書の要旨
(平成12年4月1日から
平成13年3月31日まで)

	億円
売上高	48,318
売上原価	[illegible]
販売費及び一般管理費	6,539
営業利益	766
営業外収益	953
営業外費用	564
経常利益	1,154
特別利益	80
特別損失	[illegible]
税引前当期利益	752
法人税、住民税及び事業税	302
法人税等調整額	△ 186
当期利益	636
前期繰越利益	406
中間配当額	129
利益準備金積立額	3
当期未処分利益	909

わ　売上高
え　税引前当期利益

松下電器も今期（第95期）は決算要旨公告を廃止！

要点はココ!!

わ 売上高

4兆5532億円 → 4兆8318億円

え 税引前当期利益

482億円 → 752億円

PART 3

会社の財産を具体的に知る

決算書というと貸借対照表を思い浮かべる人は多いだろう。見ると、細かい数字がギッシリ書き込まれているが、恐れることはない。ポイントとなるいくつかの項目とその数字、そして損益計算書の売上高を使って、かんたんに危ない会社を見分ける方法がある！

- 記号で見る
- 資産・負債・資本
- 総資本回転率
- 流動比率
- 当座比率
- 売上債権回転率
- 商品回転率
- 固定資産回転率
- 固定比率
- ７つの公式
- ユニクロ
- マイカル
- 雪　印

28 決算書を記号で見る

損益計算書の要旨

自　平成13年4月1日
至　平成14年3月31日

（単位：百万円）

科目	金額
売上高	229,571
営業費用	168,975
営業利益	60,596
営業外収益	4,309
営業外費用	89
経常利益	64,816
特別利益	39
特別損失	2,577
税引前当期利益	62,278
法人税、住民税及び事業税	32,677
当期利益	29,601
当期未処分利益	29,601

（注）1.有形固定資産の減価償却累計額
98,094百万円
2.1株当たり当期利益
85円67銭

わ 売上高

D 流動負債

E 固定負債

F 資本

G 負債・資本合計（総資本）

上記は貸借対照表と損益計算書を簡略して並べた、決算要旨公告というもの。これを使っても、危ない会社、大丈夫な会社を見分けることができる。決算書にはいくつかのポイント項目があり、その数字を足したり引いたり、掛けたり割ったりすることで、重要な指数を導き出せ、判断の材料とすることができる。そのためにまず、貸借対照表、損益計算書の重要ポイントを押さえてしまおう！

A 流動資産

H

K

L

I

J

B 固定資産

貸借対照表の要旨
（平成14年 3 月31日現在）

（単位：百万円）

資産の部 科目	金額	負債及び資本の部 科目	金額
流動資産	293,463	流動負債	56,638
現金・預金	103,394	支払手形	2,558
受取手形	6,736	買掛金	13,056
売掛金	58,594	未払金・未払費用	20,356
有価証券	104,124	未払法人税等	14,960
たな卸資産	16,966	その他	5,708
その他	4,076	固定負債	22,600
貸倒引当金	△ 427	退職給与引当金	21,209
固定資産	180,206	その他	1,391
有形固定資産	94,686	負債合計	79,238
建物・構築物	48,215	資本金	29,805
機械装置	11,784	法定準備金	22,386
土　地	22,529	剰余金	342,240
その他	12,158	（うち当期利益）	(29,601)
無形固定資産	15,277	資本合計	394,431
投資等	70,243		
投資有価証券	48,055		
その他	22,188		
資産合計	473,669	負債・資本合計	473,669

C 資産合計

H 当座資産　K 受取手形　L 売掛金

I たな卸資産　J その他

29 貸借対照表の3つのブロック

右と左は同じになる だからバランスシートという

もっともなじみのある決算書といえば、この貸借対照表ではないだろうか。英語ではバランスシートというが、この言葉自体も日常生活で使われるほどメジャーになってきた。

貸借対照表は、左側に会社の「Ⓦ資産」を、右側に同じく「Ⓧ負債＋Ⓨ資本」を配した表のこと。右と左の合計額がまったく同じに作られることから、対照表と呼ばれ、バランスシートとも呼ばれるのである。

要するにⓌ資産、Ⓧ負債、Ⓨ資本の3つのブロックで構成され、

Ⓦ＝Ⓧ＋Ⓨ

という数式が成り立つ形でまとまっている。

このブロックだけの貸借対照表でも、危ない会社と健全な会社が見えることもある。次ページのチャート図のように、健全な会社にはきち

「資産＝負債＋資本」はバランスシートの基本中の基本。

わ 売上高
D 流動負債
E 固定負債
F 資本

貸借対照表の要旨

（平成14年３月31日現在）

（単位：百万円）

資産の部 科目	金額
流動資産	293,463
現金・預金	103,394
受取手形	6,736
売掛金	58,594
有価証券	104,124
たな卸資産	16,966
その他	4,076
貸倒引当金	△ 427
固定資産	180,206
有形固定資産	94,686
建物・構築物	48,215
機械装置	11,784
土　地	22,529
その他	12,158
無形固定資産	15,277
投資等	70,243
投資有価証券	48,055
その他	22,188
資産合計	473,669

負債及び資本の部 科目	金額
流動負債	56,638
支払手形	2,558
買掛金	13,056
未払金・未払費用	20,356
未払法人税等	14,960
その他	5,708
固定負債	22,600
退職給与引当金	21,209
その他	1,391
負債合計	79,238
資本金	29,805
法定準備金	22,386
剰余金	342,240
（うち当期利益）	(29,601)
資本合計	394,431
負債・資本合計	473,669

A 流動資産

B 固定資産

C 資産合計（総資産）

G 負債・資本合計（総資本）

損益計算書の要旨

自　平成13年４月１日
至　平成14年３月31日

（単位：百万円）

科目	金額
売上高	229,571
営業費用	168,975
営業利益	60,596
営業外収益	4,309
営業外費用	89
経常利益	64,816
特別利益	39
特別損失	2,577
税引前当期利益	62,278
法人税、住民税及び事業税	32,677
当期利益	29,601
当期未処分利益	29,601

（注）①有形固定資産の減価償却累計額　98,094百万円
②1株当たり当期利益　85円67銭

次のページに注目！

貸借対照表のブロック

W = X + Y

資産の部	負債及び資本の部
W 資産 将来現金になる予定のもの （現金・預金） 将来販売されるもの （商品など） 売上のための投資 （工場や本社の土地・建物）	**X 負債** 借入金・買掛金　いわゆる負債 **Y 資本** 資本金 過去に蓄積した利益

表左の資産の部には現金預金、商品など、工場や本社の土地・建物が。表右の負債には借入金と買掛金などが、資本には資本金や過去に蓄積した利益が計上される。

んとⓎ資本が残っているものだが、危なくなると資本を使ってしまい、Ⓧ負債が資本をはるかに上回り、結果として借金ばかりで会社を動かす形になることも。こんな会社は、さっさと見切りをつけよう。

簿記の世界などでは、「現実にありそうもない貸借対照表の形」とされるが、これはとんでもない誤解。長い不況下、貸し渋りや貸し剥がしに泣く中小企業などには、Ⓨ資本を食いつぶしてなんとか維持しているところも少なくない。外から見て、ある程度安定しているように見える会社にも、Ⓨ資本が極端に少ない場合がある。

小泉内閣の不良債権処理政策に耐えきれず、倒産する会社の多くは、そもそも貸借対照表がいびつだったはず。このようにして、倒産危機の会社を見抜くこともできるのだ。

貸借対照表《たいしゃくたいしょうひょう》

企業の期末における財務状態（資産・負債・資本の状態）を示す計算書。

バランスシート《ばらんすしーと》

貸借対照表の英語表現だが、この方になじみが深いという人も多いだろう。B／S（びーえす）と表記されることもある。

売掛金《うりかけきん》

売ったものの、まだ代金を回収していないお金のこと。対して、買ったけれども代金を支払っていないお金のことを買掛金（かいかけきん）という。

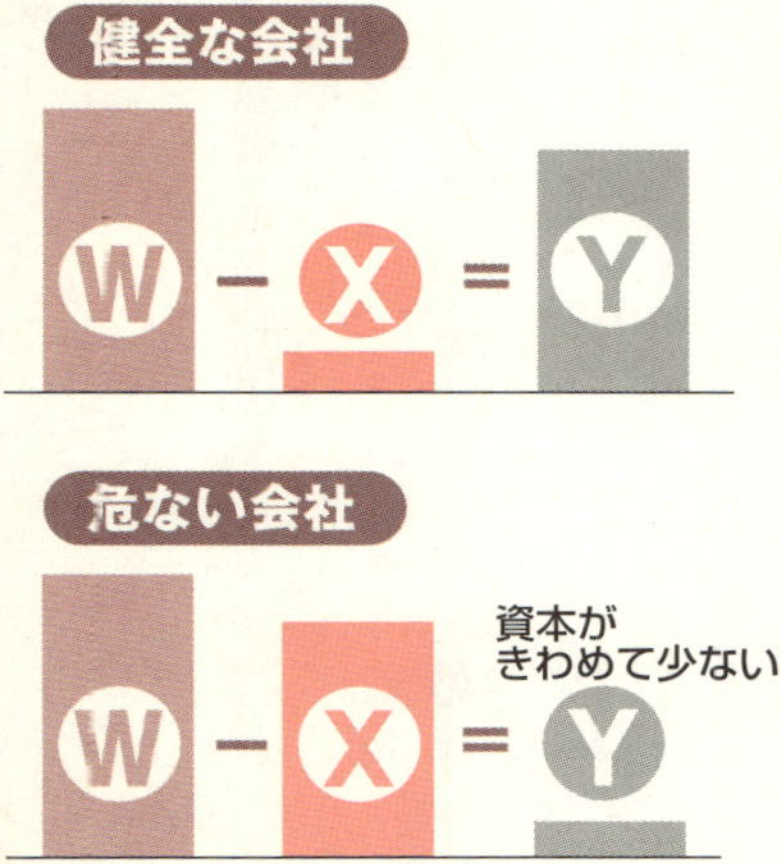

要点はココ!!

Ⓧ**負債**がゼロとなり、Ⓦ**資産**＝Ⓨ**資本**という2ブロックで貸借対照表を作ることも可能。無借金経営の場合そうなるが、現実のビジネスではちょっと考えられない。どうしても買掛金、売掛金が発生するからで、ある程度の負債がある、前ページのような3ブロック配分が望ましいのだ。

資《し》産《さん》
会社が所有し、その経営活動に用いる財産の総称。

負《ふ》債《さい》
他から金品を借り受けて、返済の義務を負うこと。また、その借りた金品そのものを指す場合も。

資《し》本《ほん》
株式会社、有限会社の営業のため株主または社員が出資した基金の全部、または重要部分を示す一定の金額で、登記または貸借対照表により公示される金額。

30 会社の大きさに見合う儲けを出しているか？

収益性は総資本回転率でチェックする

まず、左ページの貸借対照表の一番下の欄を見てほしい。左がⒸ資産合計、右がⒼ負債・資本合計だ。

資産合計は「総資産」とも呼ぶ。同様に負債・資本合計は「総資本」と呼ばれる。前にも述べたように、この2つは必ず同じ数字になる。つまり、「総資産＝総資本」ということである。

総資産（総資本）は、その会社の規模を表す。ここに入っている金額が大きければ大きいほど、大きな会社ということだ。しかし、会社というものは、単に規模が大きければいいというものではない。むしろ、図体ばかりでかくて少ししか儲けが出ない会社よりも、スリムな体でたくさん儲けを出す会社のほうが、効率が良くて、いい会社なのである。

その会社がどれだけ効率よく儲けを出してい

わ 売上高

D 流動負債

E 固定負債

F 資本

大きい会社が儲かるとは限らない

貸借対照表の要旨

（平成14年３月31日現在）

（単位：百万円）

資産の部		負債及び資本の部	
科目	金額	科目	金額
流動資産	293,463	流動負債	56,638
現金・預金	103,394	支払手形	2,558
受取手形	6,736	買掛金	13,056
売掛金	58,594	未払金・未払費用	20,356
有価証券	104,124	未払法人税等	14,960
たな卸資産	16,966	その他	5,708
その他	4,076	固定負債	22,600
貸倒引当金	△427	退職給与引当金	21,209
固定資産	180,206	その他	1,391
有形固定資産	94,686	負債合計	79,238
建物・構築物	48,215	資本金	29,805
機械装置	11,784	法定準備金	22,386
土　地	22,529	剰余金	342,240
その他	12,158	（うち当期利益）	(29,601)
無形固定資産	15,277	資本合計	394,431
投資等	70,243		
投資有価証券	48,055		
その他	22,188		
資産合計	473,669	負債・資本合計	473,669

損益計算書の要旨

自　平成13年４月１日
至　平成14年３月31日

（単位：百万円）

科目	金額
売上高	229,571
営業費用	168,975
営業利益	60,596
営業外収益	4,309
営業外費用	89
経常利益	64,816
特別利益	39
特別損失	2,577
税引前当期利益	62,278
法人税、住民税及び事業税	32,677
当期利益	29,601
当期未処分利益	29,601

（注）①有形固定資産の減価償却累計額
98,094百万円
②1株当たり当期利益
85円67銭

流動資産 Ⓐ

Ⓑ 固定資産

Ⓒ 資産合計（総資産）

Ⓖ 負債・資本合計（総資本）

総資本回転率

次のページに注目！

●総資本回転率

わ ÷ Ⓖ

この数字に注目!!

大企業、中小製造業では1〜2回転

流通業では1.5〜2回転が標準

大企業は0.5回転以下

小売業、ベンチャーは2回転以下

黄信号

るか、つまり会社の「収益性」を見るための方法はいくつかあるが、最もよく使われているのが総資本回転率（総資産回転率）である。

▽総資本回転率＝わ売上高÷G総資本

もし、売上高と総資本が同じ金額なら、総資本回転率は1になる。会社の総資本に対し、ちょうど1回転分の売上があったということだ。会社の規模の割に売上が大きい会社は回転率が大きくなり、逆に、規模の割に売上が小さい会社は回転率が小さくなる。

あくまでも目安だが、総資本の大きい大企業や、中小でも製造業の場合、1～2回転は確保しておきたい。流通業はもっとシビアで、1・5～2回転以上が望まれている。さらに危険を示す数値は、大企業、中小製造業で0・5回転以下（最近はこのケースが少なくない）。小売業や少人数のベンチャー企業では、2回転を割ると危険と考えてよい。

■総資本（負債・資本合計）と売上高の関係

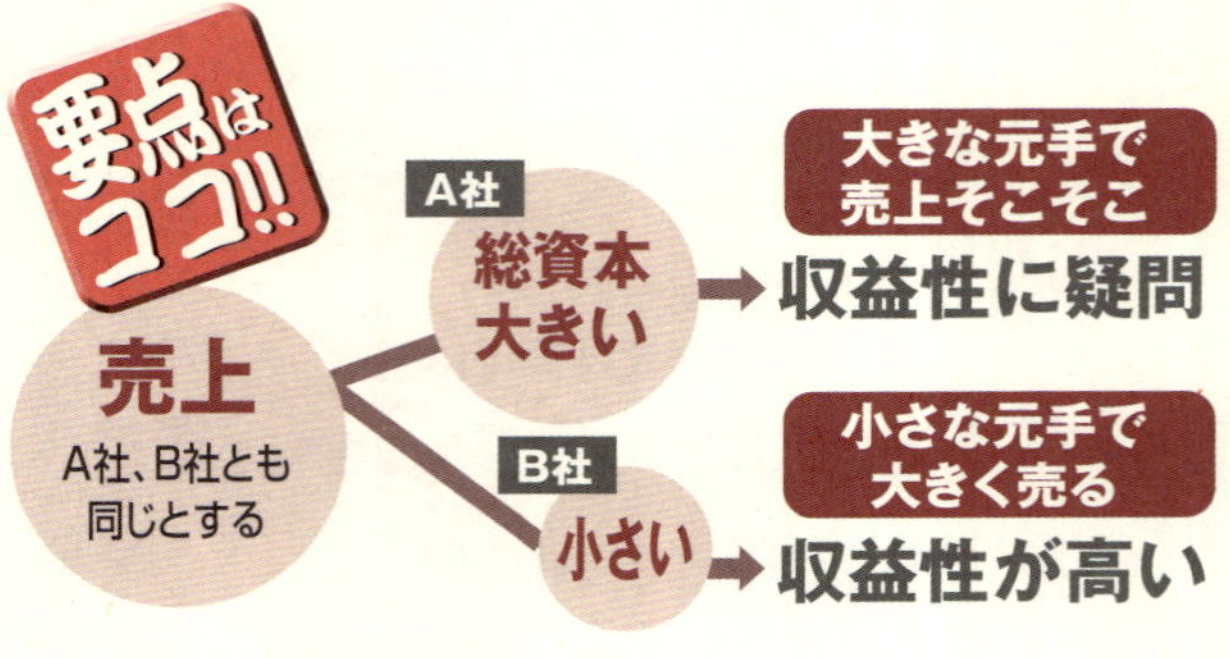

■いくつかの企業の総資本回転率

高島屋	1.52回転
三越	1.91回転
キリンビール	0.94回転
アサヒビール	1.07回転
大京	0.38回転

（直近期末のものを基に概算）

会社の収益性を示す総資本回転率だが、業務の構造の違いから大きな差が出てくる。やはり流通業は回転が高くあるべきで、開発などに費用を要する製造業は、どっしり構えているべき。この表から、そうした会社の姿が浮かんで見える。

総資本《そうしほん》
会社が集めたすべての資本のことで、他人資本と自己資本から成る。

総資産《そうしさん》
会社が所有する資産の総額。流動資産と固定資産から成り立ち、貸借対照表上では、負債・資本の合計と必ず同額になる。

売上高《うりあげだか》
商品の販売やサービスの提供代金の総額をいう。

31 支払い能力をかんたんにチェック

金回りがいいか悪いか ズバリわかる！

いくら売上があって帳簿上は黒字でも、すぐに返さなければならない借金や未払金額が入金額を超えていると、いずれ資金はショートしてしまう。

こうならないためには、すぐに現金化できる資産を、払わなければならないお金以上に持っておく必要がある。このような会社の支払い能力を知るモノサシのひとつが「流動比率」である。

貸借対照表をよく見ると、資産はⒶ流動資産とⒷ固定資産に分けられ、負債及び資本は、Ⓓ流動負債、Ⓔ固定負債、Ⓕ資本の3つに分かれていることがわかる。

このうちⒶ流動資産は、決算日後の1年以内に現金化できる資産。Ⓓ流動負債は、決算日の翌日から1年以内に支払う必要のある債

わ 売上高

D 流動負債

E 固定負債

F 資本

危ない会社は、支払い能力から見えてくる！

貸借対照表の要旨
（平成14年３月31日現在）

（単位：百万円）

資産の部 科目	金額	負債及び資本の部 科目	金額
流動資産	293,463	流動負債	56,638
現金・預金	103,394	支払手形	2,558
受取手形	6,736	買掛金	13,056
売掛金	58,594	未払金・未払費用	20,356
有価証券	104,124	未払法人税等	14,960
たな卸資産	16,966	その他	5,708
その他	4,076	固定負債	22,600
貸倒引当金	△427	退職給与引当金	21,209
固定資産	180,206	その他	1,391
有形固定資産	94,686	負債合計	79,238
建物・構築物	48,215	資本金	29,805
機械装置	11,784	法定準備金	22,386
土　地	22,529	剰余金	342,240
その他	12,158	（うち当期利益）	(29,601)
無形固定資産	15,277	資本合計	394,431
投資等	70,243		
投資有価証券	48,055		
その他	22,188		
資産合計	473,669	負債・資本合計	473,669

損益計算書の要旨
自　平成13年４月１日
至　平成14年３月31日

（単位：百万円）

科目	金額
売上高	229,571
営業費用	168,975
営業利益	60,596
営業外収益	4,309
営業外費用	89
経常利益	64,816
特別利益	39
特別損失	2,577
税引前当期利益	62,278
法人税、住民税及び事業税	32,677
当期利益	29,601
当期未処分利益	29,601

（注）①有形固定資産の減価償却累計額
98,094百万円
②1株当たり当期利益
85円67銭

流動資産 **A**

B 固定資産

C 資産合計（総資産）

G 負債・資本合計（総資本）

次のページに注目！

●流動比率

A ÷ D ×100

この数字に注目!!

・理想は**200**%以上
・標準は**150**%
・バブル崩壊後の日本の主力企業は**130～150**%が多い

100%を割ると

黄信号

務。流動比率は、この2つの数字の比率を見る。

▽流動比率（%）＝流動資産÷流動負債×100

記号で示すと、

▽Ⓐ÷Ⓓ×100。

もし、流動資産の額と流動負債の額が同じなら、流動比率は100%になる。この数字が大きければ大きいほど資金繰りがラクな会社、逆に小さければ小さいほど資金繰りに苦労している会社ということがわかる。

流動比率は200%以上あるのが理想。ただし経営の専門家の間では、150%あれば大丈夫とされているので、これを標準と考えればいいだろう。

流動比率が100%以下になると、会社の資金繰りは厳しくなる。もしこれが40%、30%などという比率なら資金繰りが綱渡り状態で、いつ破たんしてもおかしくないと心得よう。

要点はココ!!

■流動比率の計算法

$$\text{流動比率} = \frac{\text{流動資産}}{\text{流動負債}} \times 100$$

■いくつかの企業の流動比率

日産	116.9%
トヨタ	144.9%
松下電器	154.5%
高島屋	50.2%
三越	56.3%

（直近期末のものを基に概算）

200%を超えるのが理想とされている流動比率だが、最近の日本の主な企業で達成しているところは少ない。好業績を伝えられるトヨタでさえ、200という数字には届いていない。100%を大きく割り込まない限り、危険度は低いのだが、デパートなどの小売業が苦戦している様子がうかがえる。

流動資産《りゅうどうしさん》
現金及び比較的短期間に回収できる資産のこと。

固定資産《こていしさん》
1年を超えて所有したり、使用する資産のことをいう。有形固定資産、無形固定資産、投資等の3つに区分される。

流動負債《りゅうどうふさい》
決算日の翌日から1年以内に支払わなければならない負債のこと。

32 緊急支払い能力を厳しくチェック

会社の支払い能力がよりシビアに見えてくる

前項の「流動比率」では、支払い能力を見るための計算に「流動資産」を使った。

ここでもう一度、左ページの貸借対照表にあるⒶ流動資産の部分を見てほしい。Ⓗ当座資産、Ⓘたな卸資産、Ⓙその他の流動資産の3つに分かれていることがわかる。

流動資産は、「決算日の翌日から1年以内に現金化できる資産」と説明したが、実は流動資産の中にも、現金や預金などのように、即座に引き出して使うことができるものもあれば、たな卸資産のように、現金化に少々時間のかかるものもある。

こうしたことから、流動資産の中でも特に換金性が高い資産は、当座資産と呼んで区別することになっている。

当座資産に含まれるのは、現金・預金、受取

換金性の高い資産がどれくらいあるかで判断する！

貸借対照表の要旨

（平成14年３月31日現在）

（単位：百万円）

資産の部

科目	金額
流動資産	293,463
現金・預金	103,394
受取手形	6,736
売掛金	58,594
有価証券	104,124
たな卸資産	16,966
その他	4,076
貸倒引当金	△427
固定資産	180,206
有形固定資産	94,686
建物・構築物	48,215
機械装置	11,784
土　地	22,529
その他	12,158
無形固定資産	15,277
投資等	70,243
投資有価証券	48,055
その他	22,188
資産合計	473,669

負債及び資本の部

科目	金額
流動負債	56,638
支払手形	2,558
買掛金	13,056
未払金・未払費用	20,356
未払法人税等	14,960
その他	5,708
固定負債	22,600
退職給与引当金	21,209
その他	1,391
負債合計	79,238
資本金	29,805
法定準備金	22,386
剰余金	342,240
（うち当期利益）	(29,601)
資本合計	394,431
負債・資本合計	473,669

損益計算書の要旨

自　平成13年４月１日
至　平成14年３月31日

（単位：百万円）

科目	金額
売上高	229,571
営業費用	168,975
営業利益	60,596
営業外収益	4,309
営業外費用	89
経常利益	64,816
特別利益	39
特別損失	2,577
税引前当期利益	62,278
法人税、住民税及び事業税	32,677
当期利益	29,601
当期未処分利益	29,601

（注）①有形固定資産の減価償却累計額　98,094百万円
②1株当たり当期利益　85円67銭

流動資産 A
H 当座資産
I
J
B 固定資産

C 資産合計（総資産）
G 負債・資本合計（総資本）

当座比率

次のページに注目！

●当座比率

H ÷ D ×100

この数字に注目!!

90%以上は欲しい

80%を割ると → 黄信号

手形、売掛金、有価証券など。

たとえば銀行が急に資金を引き揚げるといってきて、急にまとまったお金を支払わなくてはならなかった場合には、この当座資産をどれだけ多く持っているかが大切になってくる。このような緊急時の支払い能力を見るモノサシが「当座比率」である。

▽当座比率（%）＝当座資産÷流動負債×100

記号に直すと、

▽Ⓗ÷Ⓓ×100

となる。

当座比率は100%以上が理想だが、90%以上ならOK。80%を割ると借金過剰ということになり、注意が必要だ。

なお、最近は名だたる大企業でも当座比率80%以下のところが多く、ここにも平成不況の深刻さがうかがえる。

当座資産《とうざしさん》

現金・預金及び売掛金、受取手形、短期所有の有価証券、未収入金のことをいう。

たな卸資産《たなおろししさん》

将来、販売されたり、販売活動などに関連して消費される資産で、短期間保有されるもの。

受取手形《うけとりてがた》

受取手形は商品の販売代金や、売掛金の回収などの営業取引で受け取った約束手形などのこと。

要点はココ!!

流動資産は3つに大別される

H 当座資産
- ○現金・預金
- ○受取手形
- ○売掛金
- ○有価証券

→ 換金性が高い

I たな卸資産

J その他

1年以内に支払わなくてはならない流動負債に対して、当座資産がその80%を割るようだと借金過剰。危ない会社の可能性が高くなる。

売掛金《うりかけきん》

売ったものの、まだ代金を回収していないお金のこと。対して、買ったけれども代金を支払っていないお金のことを買掛金（かいかけきん）という。

有価証券《ゆうかしょうけん》

財産権を表示する印刷券で、その権利の移転または行使に証券が必要なもの。株券や債券がよく知られるが、手形、小切手、船荷証券、倉庫証券、貨物引換証、そして商品券もこれに属す。

33 手形＋売掛金の大小で危険度を見る

売上債権の比率が高すぎると黄信号

通常の会社の取引では、現金の代わりに手形が使われることが多い。また、現金取引でも、支払いを商品の受け渡しと同時に行わず、少し先に決済することが一般的な商習慣となっている。

つまり、一般には売上が多くなればなるほど、その時点ではお金を受け取っていない売上代金（専門的にいえば売上債権）が増えるわけだ。

売上債権も売上のうちだから、ちょっとぐらいの増加なら気にすることはないが、増えすぎると取引先からの支払いが遅れたり、取引先が倒産して回収不能になる危険性が高まる。したがって売上債権が一定水準以上になるのは、あまり好ましいことではない。

売上に占める売上債権の割合が適正かどうかを見るために使うのが「売上債権回転率」というモノサシである。

わ 売上高

D 流動負債

E 固定負債

F 資本

ツケでの売上が、少ない方がいいのは当り前の話

貸借対照表の要旨
（平成14年３月31日現在）

（単位：百万円）

資産の部

科目	金額
流動資産	293,463
現金・預金	103,394
受取手形	6,736
売掛金	58,594
有価証券	104,124
たな卸資産	16,966
その他	4,076
貸倒引当金	△427
固定資産	180,206
有形固定資産	94,686
建物・構築物	48,215
機械装置	11,784
土　地	22,529
その他	12,158
無形固定資産	15,277
投資等	70,243
投資有価証券	48,055
その他	22,188
資産合計	473,669

負債及び資本の部

科目	金額
流動負債	56,638
支払手形	2,558
買掛金	13,056
未払金・未払費用	20,356
未払法人税等	14,960
その他	5,708
固定負債	22,600
退職給与引当金	21,209
その他	1,391
負債合計	79,238
資本金	29,805
法定準備金	22,386
剰余金	342,240
（うち当期利益）	(29,601)
資本合計	394,431
負債・資本合計	473,669

流動資産 A　K　L

B 固定資産

C 資産合計（総資産）　G 負債・資本合計（総資本）

損益計算書の要旨
自　平成13年４月１日
至　平成14年３月31日

（単位：百万円）

科目	金額
売上高	229,571
営業費用	168,975
営業利益	60,596
営業外収益	4,309
営業外費用	89
経常利益	64,816
特別利益	39
特別損失	2,577
税引前当期利益	62,278
法人税、住民税及び事業税	32,677
当期利益	29,601
当期未処分利益	29,601

（注）①有形固定資産の減価償却累計額
98,094百万円
②1株当たり当期利益
85円67銭

次のページに注目！

●売上債権回転率

わ÷（K＋L）

この数字に注目!!

年6回転以上が理想

3回転以下になると→黄信号

▽売上債権回転率＝売上高÷（受取手形＋売掛金）

記号に直すと、

▽わ÷（K＋L）

売上債権回転率は、業種や業態によっても多少の差があるが、おおむね年6回転以上が理想とされている。年3回転以下は黄信号と覚えておこう。

なお、売上債権の適正度をチェックする方法としては、売上債権が月商の何倍になるか（つまり売上債権の回収にかかる期間）を見る方法もある。

▽売上債権回転期間＝（受取手形＋売掛金）÷（売上高÷12）

回転期間が2カ月以内なら優秀。4カ月以上になると黄信号だ。どんなに売上高をあげていても、こうした指数が悪ければ会社は万全ではないと覚えておこう！

手《て》形《がた》

記載された金額を支払うことを約束したり、第三者に委託することのできる、振出人の信用を背景とした現金に準じるもの。約束手形と為替手形に大別され、前者は将来支払うことを振出人が約束し、後者は、第三者に支払うよう主に金融機関へ委託する。有価証券の一種でもある。

売掛金《うりかけきん》

売ったものの、まだ代金を回収していないお金のこと。対して、買ったけれども代金を支払っていないお金のことを買掛金（かいかけきん）という。

要点はココ!!

なぜ売上債権回転率は6回以上が理想なのか?

↓

売上債権が売上高の2カ月分を超えると危険ゾーン

↓

12カ月÷2＝6回転という考え方から

→

ちなみに売上回収期間が月売上に対してどれくらいあるかは（Ⓚ＋Ⓛ）÷（わ÷12カ月）で求められる。

↓

2カ月が理想。4カ月以上は黄信号

売上債権《うりあげさいけん》
品物を売ったものの、まだ支払われていない売上金。売掛金ともいう。

売《うり》上《あげ》
会社が営業活動によって得た収益のこと。会社は商品を販売したりサービスを提供したりするが、そこから得られる収入すべてのことをいう。

受取手形《うけとりてがた》
受取手形は商品の販売代金や、売掛金の回収などの営業取引で受け取った約束手形などのこと。

34 在庫が多すぎると利益は圧迫される

在庫管理が進んでいるかどうか

取引先の注文に応じてすぐに商品を渡すためには、その商品を前もって手元に用意しておく必要がある。したがって業務をスムーズにするためには、一定の在庫は必要なものといえるが、かといって在庫が多すぎるのは、あまり好ましいことではない。

流行の移り変わりが早く、新しい技術や新製品が次々に登場するいまの世の中で、大量の在庫を抱えて2年も3年も売れ残ったら、商品の価値はほとんどゼロになってしまう。これがいわゆる「不良在庫」である。

こうならないために、最近の企業経営では、できるだけ在庫を持たないようにしようという流れになっている。その代表格が、資材、部品の調達、在庫、生産、製品の配達などをITを応用して統合的に管理し、極力、在庫を減らして企業収益を高めるサプライチェーン・マネジ

適正在庫は経営を明るくする

貸借対照表の要旨
（平成14年３月31日現在）

（単位：百万円）

資産の部

科目	金額
流動資産	293,463
現金・預金	103,394
受取手形	6,736
売掛金	58,594
有価証券	104,124
たな卸資産	16,966
その他	4,076
貸倒引当金	△ 427
固定資産	180,206
有形固定資産	94,686
建物・構築物	48,215
機械装置	11,784
土　地	22,529
その他	12,158
無形固定資産	15,277
投資等	70,243
投資有価証券	48,055
その他	22,188
資産合計	473,669

負債及び資本の部

科目	金額
流動負債	56,638
支払手形	2,558
買掛金	13,056
未払金・未払費用	20,356
未払法人税等	14,960
その他	5,708
固定負債	22,600
退職給与引当金	21,209
その他	1,391
負債合計	79,238
資本金	29,805
法定準備金	22,386
剰余金	342,240
（うち当期利益）	(29,601)
資本合計	394,431
負債・資本合計	473,669

損益計算書の要旨
自　平成13年４月１日
至　平成14年３月31日

（単位：百万円）

科目	金額
売上高	229,571
営業費用	168,975
営業利益	60,596
営業外収益	4,309
営業外費用	89
経常利益	64,816
特別利益	39
特別損失	2,577
税引前当期利益	62,278
法人税、住民税及び事業税	32,677
当期利益	29,601
当期未処分利益	29,601

（注）①有形固定資産の減価償却累計額　98,094百万円
②1株当たり当期利益　85円67銭

A 流動資産

I

B 固定資産

C 資産合計（総資産）

G 負債・資本合計（総資本）

次のページに注目!

●商品回転率

わ ÷ I

この数字に注目!!

理想は――
流通業で **20** 回転以上
製造業なら **12** 回転以上

黄信号は――
流通業で **10** 回転以下
製造業なら **6** 回転以下

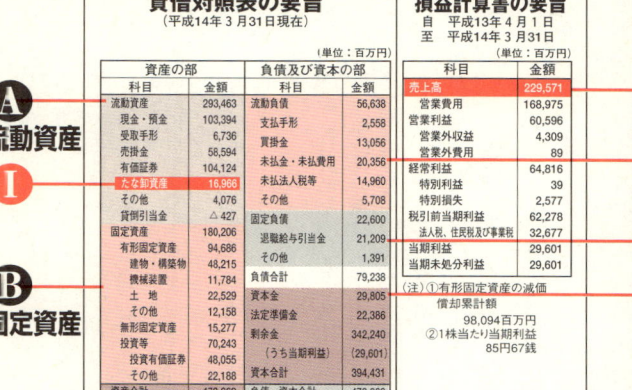

メントだ。

そもそも商品が次々に売れていれば、在庫が増えすぎることはない。在庫が多すぎるということは、売れ行き不振か、生産過剰や仕入過剰といった経営判断のミスといえるだろう。

在庫が適正かどうかを知るには、「商品回転率」を見るのが最も力ンタンな方法だ。
▽商品回転率＝売上高÷たな卸資産
記号に直すと、
▽わ÷Iということになる。
作った商品、仕入れた商品を売れ残りを出さずに回せば、倉庫代の無駄もなくなるが、目安は流通業で20回転以上、製造業で12回転以上は欲しいところ。これが、流通業で10回転、製造業で6回転を割り込むようだと、在庫のだぶつきがあることの証明。結果として利益を圧迫することになり、その会社は在庫の面から危険と判断するべきなのだ。

要点はココ!!

●決算書上のたな卸資産とは

決算書上のたな卸資産とは？　製品や半製品だけでなく、商品、原材料、仕掛り品など、会計上の期末にたな卸をしなければならない資産を総称する。流動資産のひとつで、直接または加工されて、収益獲得のために用いられるものすべてを含む。

■いくつかの企業の商品回転率

キリンビール	23.7回転
アサヒビール	15.2回転
田辺製薬	9.3回転
三越	23.1回転
森永製菓	16.4回転

（直近期末のものを基に概算）

業界によっても、商品回転率の目安は多少異なる。ビールなど、短期間に売り切らなければならない商品と、多少の保存が効くクスリなどとを単純比較にできないからだ。ちなみに、この表にある会社の商品回転率は、それぞれの業態で安全水準に届いている。

在庫《ざいこ》
倉庫などに置かれている商品を指すが、特に会計上では、ある時点における企業内の原材料、仕掛り品、商品などの量をいう。

不良在庫《ふりょうざいこ》
必要以上に滞留する、原材料・仕掛かり品・製品の形で企業内にある在庫。経営を圧迫する要因となる。

在庫管理《ざいこかんり》
原材料・仕掛かり品・製品の形で企業内にある在庫を、最適な質と量の状態で維持・管理すること。

35 過剰な設備投資をしていないか

バブル期の過剰投資が経営の足かせに

高度成長時代。モノを作れば売れる。作るには設備が必要ということから、多くの企業が多額の借入金による設備投資に走った。こうして、右肩上がりの成長を想定した過剰な設備を持つ会社が数多く生まれたのである。実際、バブル崩壊後に倒産した会社の中には、このような過剰な設備投資が経営の足かせとなったケースがいくつかあった。

いまでもバブル期の過剰設備投資のツケに苦しんでいる会社は少なくないといわれる。したがって、その会社の安全性を見るためには、過剰な設備投資を抱えていないかどうかをチェックしておくことが大切だ。

設備投資が過剰かどうかは、「固定資産回転率」というモノサシで調べることができる。計算方法はこうだ。

貸借対照表の要旨

（平成14年３月31日現在）

（単位：百万円）

資産の部

科目	金額
流動資産	293,463
現金・預金	103,394
受取手形	6,736
売掛金	58,594
有価証券	104,124
たな卸資産	16,966
その他	4,076
貸倒引当金	△427
固定資産	180,206
有形固定資産	94,686
建物・構築物	48,215
機械装置	11,784
土　地	22,529
その他	12,158
無形固定資産	15,277
投資等	70,243
投資有価証券	48,055
その他	22,188
資産合計	473,669

負債及び資本の部

科目	金額
流動負債	56,638
支払手形	2,558
買掛金	13,056
未払金・未払費用	20,356
未払法人税等	14,960
その他	5,708
固定負債	22,600
退職給与引当金	21,209
その他	1,391
負債合計	79,238
資本金	29,805
法定準備金	22,386
剰余金	342,240
（うち当期利益）	(29,601)
資本合計	394,431
負債・資本合計	473,669

流動資産 A

B 固定資産

C 資産合計（総資産）

G 負債・資本合計（総資本）

損益計算書の要旨

自　平成13年４月１日
至　平成14年３月31日

（単位：百万円）

科目	金額
売上高	229,571
営業費用	168,975
営業利益	60,596
営業外収益	4,309
営業外費用	89
経常利益	64,816
特別利益	39
特別損失	2,577
税引前当期利益	62,278
法人税、住民税及び事業税	32,677
当期利益	29,601
当期未処分利益	29,601

（注）①有形固定資産の減価償却累計額
98,094百万円
②1株当たり当期利益
85円67銭

次のページに注目！

●固定資産回転率

わ ÷ B

この数字に注目!!

目安としては——
流通業で5回転以上
製造業で2.5回転以上

▽固定資産回転率＝売上高÷固定資産

記号に直すと、

▽わ÷Bとなる。

適正値の目安は、製造業で年2・5回転以上、流通業では5回転以上。

この数値より回転数が少ないと、売上高に比較して、設備が過剰と判断していい。土地、建物、工作機械などが資産になるという、古い経営感覚が残っているか、新商品の開発企画段階にミスがあり、不要な設備を持ってしまった可能性が高いのだ。

もっとも、会社が成長していくためには、適切な時期に適切な設備投資が不可欠だから、逆に設備投資が少なすぎるのも、会社の将来性から見て問題がある。たとえば、売上高2000億円以上の大手企業で、製造業8回転以上、流通業12回転以上の場合、設備投資不足と判断していいだろう。

設備投資《せつびとうし》
土地・建物や機械など、生産設備となる固定資産に資本を投下すること。

借入金《かりいれきん》
借りたお金。主に金融機関、親会社などから借入れたものを指す。

固定資産回転率《こていしさんかいてんりつ》
売上高を固定資産残高で割るもの。固定資産の利用度や投資効果を見る数値で、この数値が大きいほど有効に活用されていることを示す。

要点はココ!!

大手企業（売上2000億円以上）の場合

こんな数値は黄色信号！

- ○製造業で**8回転以上**の場合→設備投資が不足
- ○製造業で**1回転以下**の場合→設備投資が過剰
- ○流通業で**12回転以上**の場合→設備投資が不足
- ○流通業で**2回転以下**の場合→設備投資が過剰

※中小企業には50回転以上などというところもある！

モノの価値や、その変化が激しい時代。設備は買わずに、リースなどでまかなうという考え方も拡がっている。が、会社の規模に比較して、あまりにも設備投資が行われないのも疑問。新規事業の立ち上げ目処がないなど、固定資産回転率は高すぎても危ないと言える。

売上高《うりあげだか》
商品の販売やサービスの提供代金の総額をいう。

固定資産《こていしさん》
1年を超えて所有したり、使用する資産のことをいう。有形固定資産、無形固定資産、投資等の3つに区分される。

36 ムリのない設備投資をしているか

積極的な設備投資もある程度は必要だ

前項で述べたように、一般に、過剰な設備投資は経営を圧迫する要因になることが多い。ただ、設備投資が過剰に思えても、資金面でムリがなく、将来への布石として必要なものであれば、必ずしもダメということはない。むしろその反対で、積極的に評価すべきものといえるだろう。

土地の値段の激しい下落を考慮するなど、時代に対応した上での、適正な設備投資とそうでないものとを見分ける方法も、決算書によって可能だ。設備に投資をしない経営と、設備投資可能の違いをはっきりさせるため、固定資産回転率と併せて用いるといい方法。設備投資過剰の疑いがある場合、投資のスタンスにムリがないかがチェックできる。

設備投資過剰の疑いがある場合に、それがム

借金して設備投資という時代は終わった

貸借対照表の要旨

（平成14年３月31日現在）

（単位：百万円）

資産の部 科目	金額	負債及び資本の部 科目	金額
流動資産	293,463	流動負債	56,633
現金・預金	103,394	支払手形	2,553
受取手形	6,736	買掛金	13,056
売掛金	58,594	未払金・未払費用	20,356
有価証券	104,124	未払法人税等	14,960
たな卸資産	16,966	その他	5,708
その他	4,076	固定負債	22,600
貸倒引当金	△427	退職給与引当金	21,209
固定資産	180,206	その他	1,391
有形固定資産	94,686	負債合計	79,238
建物・構築物	48,215	資本金	29,805
機械装置	11,784	法定準備金	22,386
土　地	22,529	剰余金	342,240
その他	12,158	（うち当期利益）	(29,601)
無形固定資産	15,277	資本合計	394,431
投資等	70,243		
投資有価証券	48,055		
その他	22,188		
資産合計	473,669	負債・資本合計	473,669

損益計算書の要旨

自　平成13年４月１日
至　平成14年３月31日

（単位：百万円）

科目	金額
売上高	229,571
営業費用	168,975
営業利益	60,596
営業外収益	4,309
営業外費用	89
経常利益	64,816
特別利益	39
特別損失	2,577
税引前当期利益	62,278
法人税、住民税及び事業税	32,677
当期利益	29,601
当期未処分利益	29,601

（注）①有形固定資産の減価償却累計額
98,094百万円
②1株当たり当期利益
85円67銭

流動資産 A

B **固定資産**

C **資産合計**（総資産）

G **負債・資本合計**（総資本）

固定比率

次のページに注目!

●固定比率

B ÷ F ×100

この数字に注目!!

「固定資産は自己資本の範囲内で」が理想

100～120%の範囲内→健全

200%を超えると→黄信号

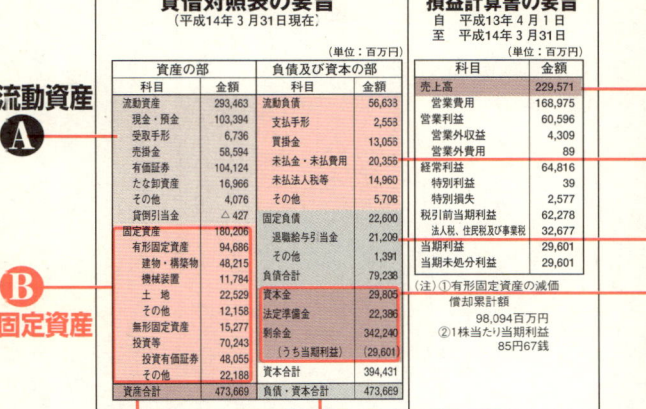

リのないものかどうかを見分けるには、「固定比率」をチェックしてみるといい。これは資本に対して固定資産がどれくらいあるかを見るものだ。

▽固定比率（%）＝Ⓑ固定資産÷Ⓕ資本×100

この数値が100%以下なら、設備投資（固定資産）は適正な範囲にあるといえる。要するに「固定資産＜資本」となっていればOK。少々設備投資が大きいように見えても、資本の範囲内なら大丈夫ということだ。

ただし、100%以下というのは、あくまでも理想的な数値。ビジネス環境の変化が激しい現在のような時代には、ある程度、積極的な設備投資を行っていかなければ、将来の成長は望めない。こうした観点からいうと、固定比率120%程度までなら健全経営の範囲とみなすことができるだろう。

■固定長期適合率にも注目

Ⓑ÷（Ⓕ＋Ⓔ）×100

不動産など長期で費用を弁済することを想定した数値

120%を超えると→黄信号

固定長期適合率

設備投資に投じた借入金の長期での返済に、目途が立っているかどうかを算出する数式である

要点はココ!!

貸借対照表

A 流動資産	D 流動負債
	E 固定負債
B 固定資産	F 資　本

注意!!

資本が大きければ大きいほど、設備投資も無理なく行なえる。上図のように、固定資産が資本を上回る場合、危ない会社としてチェックするべきである。

設備投資《せつびとうし》
土地・建物や機械など、生産設備となる固定資産に資本を投下すること。

固定比率《こていひりつ》
固定資産を資本で割ったもの。この数値は、設備投資が資本の枠内で行われる１００％以下が望ましいとされている。

固定長期適合率《こていちょうきてきごうりつ》
固定資産投資の安全性を示す指標。固定資産を資本と固定負債を足したもので割り、１００（％）を掛けたもの。

37 7つの公式で危ない会社をチェック

貸借対照表の重要ポイントと売上高を応用！

収益性、支払能力、緊急支払能力、未入金量、在庫の適正度、設備投資の適正度、設備投資への支払能力――。

この7つの指標数値は、決算書を細かく読めなくてもカンタンに導きだせるとわかったはず。

7つの公式チェックを怠らなければ、サラリーマンとしての危機管理は万全

公式ごとの数字は、安全圏の目安。これらの数字を割り込むと、要注意だ。

	製造業の目安	流通業の目安	黄信号
	1回転	2回転	左記標準 回転率以下
	150%	160%	100%割れ
	90%	90%	80%割れ
	6回転	8回転	3回転以下
	12回転	20回転	製造6回転以下 流通10回転以下
	2.5回転	5回転	多くても 少なくてもダメ
	100%	120%	200%超え

ひとつでも黄信号があれば要注意！

■危ない会社をチェック！

	公　式	チェックポイント
総資本回転率	わ÷G	収益性
流動比率	A÷D×100	支払能力
当座比率	H÷D×100	緊急支払能力
売上債権回転率	わ÷(K+L)	未収金の回収能力
商品回転率	わ÷I	在庫の適正度
固定資産回転率	わ÷B	設備投資の適正度
固定比率	B÷F×100	設備投資への支払能力

※数字は業種業態によって異なる場合があるので、一応の目安としてとらえておいてください。

ず。いずれも単純な割り算で、計算自体は小学生でもできるものばかり。問題はこの数式から求められた数値が、なにをどう表しているか。

この2ページに各指標数値の計算式と、なにをチェックするのか、判断の目安はなにかを表にまとめてある。ひとつひとつの数字をこれに当てはめてみれば、アタマにたたき込まなくても済むに違いない。この7つの公式とチェックの目安は、十分活用してやって欲しいところである！

- わ 売上高
- G 負債・資本合計
- A 流動資産
- D 流動負債
- H 当座資産
- K 受取手形
- L 売掛金
- I たな卸資産
- B 固定資産
- F 資本

38 ユニクロの決算書を計算してみよう

脅威の売上債権回転率が注目！

2002年8月期の決算で、売上も利益も減らしたユニクロ。特に税引前当期利益は半分にまで減ってしまった。経営危機とまでは言われないものの、「ユニクロのブームは終わってしまった」とマスコミは騒いでいる。

で、どれほどユニクロがひどいのかを、決算書で確認すると……。

総資本回転率はユニクロのような流通業の場合、2回転を割ると厳しいとされている。ユニクロの総資本回転率は1・65回転で、2回転を割っている。うーーむ、やはりユニクロは危ないのだろうか？　だが流動比率、当座比率を見ると合格である。そして売上債権回転率が、驚異的な114回転。無駄のない商売を浮き彫りにしている！　やはりユニクロは、侮れない会社だと決算書が証明しているのだ。

7つの公式から見えてくるユニクロの底力！

第40期決算公告　　平成13年11月30日

UNIQLO
山口県山口市大字佐山717番地1
株式会社 ファーストリテイリング
代表取締役社長　柳井　正

貸借対照表の要旨
(平成13年8月31日現在)
(単位：百万円)

	資産の部		負債・資本の部	
A	流動資産	212,427	流動負債	125,561
A	現金及び預金	46,034	買掛金	63,533
A	受取手形・売掛金	3,685	未払金	5,742
A	有価証券	111,343	未払法人税等	30,500
A	たな卸資産	30,415	未払消費税等	3,537
A	為替予約	16,418	未払費用	4,737
A	その他	4,528	為替予約繰延ヘッジ利益	16,418
B	固定資産	40,985	その他	1,092
B	有形固定資産	13,296	固定負債	7,727
B	建物・構築物	10,633	長期借入金	7,000
B	土地	2,051	その他	727
B	その他	611	負債合計	133,289
B	無形固定資産	56	資本金	3,273
B	投資等	27,632	法定準備金	12,397
B	投資有価証券	4,866	剰余金	103,751
B	敷金・保証金	9,553	(うち当期利益)	(59,192)
B	建設協力金	12,876	その他有価証券評価差額金	700
B	その他	336	資本合計	120,123
C	資産合計	253,413	負債・資本合計	253,413

損益計算書の要旨
(平成12年9月1日から
平成13年8月31日まで)
(単位：百万円)

営業収益	418,561	わ
営業費用	316,479	
営業利益	102,081	
営業外収益	1,577	D
営業外費用	441	
経常利益	103,217	
特別利益	25	
特別損失	709	
税引前当期利益	102,533	E
法人税、住民税及び事業税	44,150	
法人税等調整額	△ 809	
当期利益	59,192	F
前期繰越利益	2,815	
中間配当額	3,171	
利益準備金積立額	184	
当期未処分利益	59,651	G

(注) 1. 有形固定資産の減価償却累計額　4,673百万円
2. 1株当たりの当期利益　1,116円08銭
3. 商法第290条第1項第5号に規定する合計額　3,647百万円
4. 商法第290条第1項第6号に規定する純資産額　700百万円

総資本回転率	1.65回転
流動比率	169%
当座比率	128%
売上債権回転率	114回転
商品回転率	13.7回転
固定資産回転率	10.2回転
固定比率	34%

利益が半減したと言われるが計算してみると会社としてはなかなかのもの

ユニクロ

39 マイカルの決算書を見てみよう

借金が増えると会社はピンチになる

小売業の大手だったマイカルが倒産した。店はその後も営業しているが、会社そのものは2001年9月に「民事再生法」の適用申請をし、もう決算書を新聞の要旨公告や、ウェブで見ることはできない。

最後となった2001年の決算要旨公告と、その前の期のふたつを見比べると、マイカルの経営危機の様子が見えてくる。固定比率や流動比率を計算しても、その厳しさが歴然とする。が、細かい計算をしなくても、会社の借金である負債を見るといい。短期に返さなければならない流動負債はたった1年で3倍以上に。長期間かけて返す固定負債も、50％以上も膨らんでいる。

このように借金が異常に増えるとき、経営は危機に直面していると判断できるのだ！

倒産したマイカルの決算書から倒産の兆しを読みとる!?

第 37 期 決 算 公 告

平成12年5月26日

大阪市中央区淡路町二丁目2番9号
株式会社マイカル
代表取締役社長 宇都宮浩太郎
MYCAL

貸借対照表要旨
（平成12年2月29日現在）

（単位：百万円）

資産の部 科目	金額	負債の部 科目	金額
流動資産	211,143	流動負債	178,448
現金預金	16,145	支払手形	17,648
受取手形	308	買掛金	88,862
売掛金	14,542	短期借入金	13,416
有価証券	5,201	転換社債	4,970
商品	55,104	設備関係支払手形	3,199
その他	119,964	その他	50,351
貸倒引当金	△122	固定負債	389,440
固定資産	652,634	社債	270,000
有形固定資産	171,142	転換社債	5,355
建物	57,031	長期借入金	28,882
土地	101,104	預り保証金	74,484
その他	13,006	退職給与引当金	5,188
無形固定資産	45,671	投資損失引当金	1,219
投資等	435,820	その他	4,311
投資有価証券	5,656	負債合計	567,888
子会社株式等	85,116	資本の部	
差入保証金	264,612	資本金	74,024
その他	131,033	法定準備金	137,351
貸倒引当金	△50,599	剰余金	84,917
		（うち当期利益）	(1,784)
繰延資産	404	資本合計	296,293
資産合計	864,182	負債・資本合計	864,182

損益計算書要旨
（自 平成11年3月1日
至 平成12年2月29日）

（単位：百万円）

科目	金額
営業収益	1,081,022
営業費用	1,072,874
営業利益	8,147
営業外収益	5,145
営業外費用	10,048
経常利益	3,244
特別利益	73,748
特別損失	73,053
税引前当期利益	3,938
法人税、住民税及び事業税	2,398
法人税等調整額	△ 243
当期利益	1,784
前期繰越利益	10,847
過年度税効果調整額	△ 1,159
税効果会計適用に伴う固定資産圧縮積立金取崩額	3,287
中間配当額	3,492
利益準備金積立額	349
当期未処分利益	10,918

（注記）
1.有形固定資産の減価償却累計額 80,739百万円
2.1株当たりの当期利益 5円62銭
（備 考）百万円未満の記載金額は切り捨てて表示しております。

第 38 期 決 算 公 告

平成13年5月25日

大阪市中央区淡路町二丁目2番9号
株式会社マイカル
代表取締役社長 四 方 修
MYCAL

貸借対照表の要旨
（平成13年2月28日現在）

（単位：百万円）

資産の部 科目	金額	負債の部 科目	金額
流動資産	619,068	流動負債	597,366
現金預金	27,951	支払手形	16,822
受取手形	490	買掛金	111,405
売掛金	18,328	短期借入金	318,606
有価証券	11,578	社債	23,500
商品	54,748	設備関係支払手形	10,038
短期貸付金	439,704	その他	116,994
その他	66,392	固定負債	653,573
貸倒引当金	△125	社債	319,000
固定資産	860,487	転換社債	5,353
有形固定資産	[illegible]	長期借入金	230,897
建物	54,874	預り保証金	66,055
土地	98,680	退職給与引当金	11,622
その他	22,944	投資損失引当金	682
無形固定資産	60,272	店舗閉鎖損失引当金	18,000
投資等	623,714	その他	1,963
投資有価証券	42,624	負債合計	1,250,945
子会社株式等	210,480	資本の部	
差入保証金	272,985	資本金	74,024
その他	122,739	法定準備金	137,858
貸倒引当金	△25,115	剰余金	17,327
		（うち当期損失）	(62,012)
繰延資産	600	資本合計	229,210
資産合計	1,480,156	負債・資本合計	1,480,156

損益計算書の要旨
（自 平成12年3月1日
至 平成13年2月28日）

（単位：百万円）

科目	金額
営業収益	1,050,623
営業費用	1,042,969
営業利益	7,653
営業外収益	7,589
営業外費用	14,418
経常利益	824
特別利益	4,789
特別損失	112,068
税引前当期損失	106,454
法人税、住民税及び事業税	678
法人税等調整額	△ 45,119
当期損失	62,012
前期繰越利益	7,747
中間配当額	1,577
利益準備金積立額	157
当期未処理損失	56,000

（注記）
1.有形固定資産の減価償却累計額 94,275百万円
2.1株当たりの当期損失 195円29銭
（備 考）百万円未満の記載金額は切り捨てて表示しております。

平成13年（2001年）9月14日
倒産！

マイカル

要点はココ!!

D 流動負債

1784億円 → 5973億円

E 固定負債

3894億円 → 6535億円

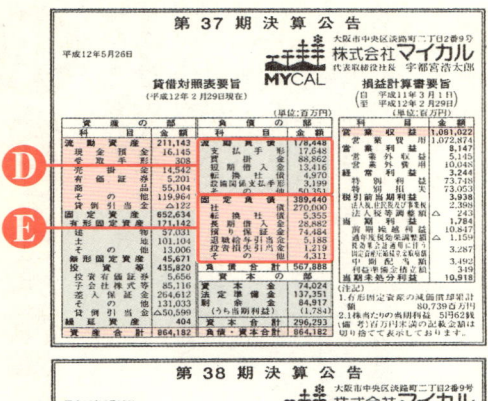

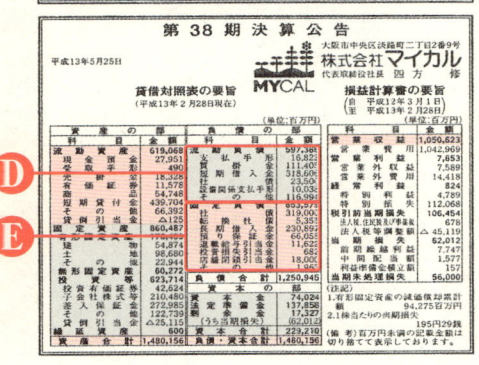

40 雪印の決算書を見てみよう

働けど働けど儲けは生まれてこない

2000年8月、加工乳の原料である脱脂粉乳の中毒事件を起こした雪印乳業。社長の引責辞任にまで追い込まれたが、それで食品会社としての信用が回復するものでもなかった。

しかも追い打ちをかけるかのように、子会社雪印食品の狂牛病騒動に絡む不正も発覚する。雪印食品は、会社そのものもなくなる事態となった。

2年続いた不祥事は、当然会社の経営を直撃した。雪印乳業の最近3期の経常利益を見ると、2期前は122億円の利益があったが、前期は一転586億円のマイナス、今期も額は減ったが316億円のマイナスとなっている。東京にある本社を、創業地北海道に移すなどの出直しをはかっているが、失った信用を取り戻すにはまだまだ努力が要るようである。

牛乳の大失敗、いまだ後遺症。決算書、いまだ回復せず！

第50期決算公告

平成12年6月29日

札幌市東区苗穂町6丁目1番1号
雪印乳業株式会社
代表取締役社長　石川哲郎

貸借対照表の要旨
(平成12年3月31日現在)

(単位：百万円)

科目	金額	科目	金額
(資産の部)	(350,185)	(負債の部)	(249,545)
流動資産	144,547	流動負債	101,068
現金・預金	14,436	支払手形	2,196
受取手形	4,813	買掛金	57,552
売掛金	65,251	短期借入金	3,583
棚卸資産	51,508	その他	37,735
その他	8,538	固定負債	148,477
固定資産	205,637	社債・長期借入金	60,592
有形固定資産	116,305	退職給与引当金	78,437
建物・構築物	43,019	その他	9,447
機械及び装置	43,745	(資本の部)	(100,639)
土地	25,338	資本金	27,809
その他	4,201	法定準備金	25,545
無形固定資産	3,933	剰余金	47,285
投資等	85,399	(うち当期損失)	(23,964)
資産合計	350,185	負債・資本合計	350,185

損益計算書の要旨
(自 平成11年4月1日
至 平成12年3月31日)

(単位：百万円)

科目	金額
営業収益	543,966
営業費用	532,706
営業利益	11,260
営業外収益	3,722
営業外費用	2,779
経常利益	12,203
特別利益	2,104
特別損失	52,971
(税引前当期損失)	38,664
法人税、住民税及び事業税	6,579
法人税等調整額	△21,279
当期損失	23,964
前期繰越利益	2,399
過年度税効果調整額	9,857
税効果会計適用による圧縮積立金取崩高	1,833
当期未処理損失	9,873

(注)1.有形固定資産の減価償却累計額 205,687百万円　2.1株当りの当期損失 73円93銭

第51期決算公告

平成13年6月29日

札幌市東区苗穂町6丁目1番1号
雪印乳業株式会社
代表取締役社長　西　紘平

貸借対照表の要旨
(平成13年3月31日現在)

(単位：百万円)

科目	金額	科目	金額
(資産の部)	(326,055)	(負債の部)	(279,300)
流動資産	126,320	流動負債	166,223
現金・預金	1,734	支払手形	2,749
受取手形	3,433	買掛金	50,420
売掛金	57,287	一年内償還社債・短期借入金	80,678
棚卸資産	48,496	その他	32,374
その他	15,369	固定負債	113,077
固定資産	199,735	社債・長期借入金	55,664
有形固定資産	104,207	退職給付引当金	48,429
建物・構築物	35,782	その他	8,983
機械及び装置	40,180	(資本の部)	(46,755)
土地	22,606	資本金	27,809
その他	5,638	法定準備金	25,775
無形固定資産	3,398	欠損金	6,829
投資等	92,129	(うち当期損失)	(51,615)
資産合計	326,055	負債・資本合計	326,055

損益計算書の要旨
(自 平成12年4月1日
至 平成13年3月31日)

(単位：百万円)

科目	金額
営業収益	361,554
営業費用	417,515
営業損失	55,960
営業外収益	3,795
営業外費用	6,514
経常損失	58,680
特別利益	39,612
特別損失	42,712
(税引前当期損失)	61,779
法人税、住民税及び事業税	209
法人税等調整額	△10,373
当期損失	51,615
前期繰越利益	1,567
当期未処理損失	50,047

(注)1.有形固定資産の減価償却累計額 198,906百万円　2.1株当りの当期損失 159円23銭

第52期決算公告

平成14年6月28日

札幌市東区苗穂町6丁目1番1号
雪印乳業株式会社
代表取締役社長　高野瀬忠明

貸借対照表の要旨
(平成14年3月31日現在)

(単位：百万円)

科目	金額	科目	金額
(資産の部)	(331,141)	(負債の部)	(317,021)
流動資産	99,566	流動負債	172,872
現金・預金	12,074	支払手形	2,154
受取手形	605	買掛金	37,774
売掛金	30,462	一年内償還社債・短期借入金	108,098
棚卸資産	41,508	その他	24,844
その他	14,916	固定負債	144,149
固定資産	231,574	社債・長期借入金	76,317
有形固定資産	160,350	退職給付引当金	34,379
建物・構築物	34,127	その他	33,452
機械及び装置	35,695	(資本の部)	(14,120)
土地	86,802	資本金	27,809
その他	3,724	法定準備金	18,945
無形固定資産	2,551	土地再評価差額金	38,454
投資等	68,673	欠損金	71,435
		(うち当期損失)	(71,435)
		その他有価証券評価差額金	379
		自己株式	△33
資産合計	331,141	負債・資本合計	331,141

損益計算書の要旨
(自 平成13年4月1日
至 平成14年3月31日)

(単位：百万円)

科目	金額
営業収益	363,797
営業費用	395,617
営業損失	31,819
営業外収益	4,834
営業外費用	4,652
経常損失	31,637
特別利益	27,263
特別損失	51,573
(税引前当期損失)	55,947
法人税、住民税及び事業税	166
法人税等調整額	15,321
当期損失	71,435
当期未処理損失	71,435

(注)1.有形固定資産の減価償却累計額 177,114百万円
2.1株当りの当期損失 220円40銭
3.商法第290条第1項第6号に規定する純資産額 379百万円

要点はココ!!

い 経常利益

122億円

−586億円
(損失)

−316億円
(損失)

つらい戦いは
続く……

PART 4

できるサラリーマンはキャッシュフローがわかる！

会社に現金がどれくらいあるかを見る決算書として、にわかに注目されているキャッシュフロー計算書。上場企業の公表が義務づけられてまだ日が浅いが、帳簿上の売上や利益よりも、現金があるか否かはやはり重要なポイントなのだ！

- キャッシュ
- 3つのフロー
- 営業活動による
- 投資・財務による
- 危ない会社診断
- ダイエー
- 連結決算
- ソニー
- アサヒとキリン
- 電　通

41 「キャッシュフロー」はなぜ大事なの？

やっぱり会社にはお金が必要

会社は利益、つまり儲けを出すための道具である。したがって、儲けを出してさえいればそれで安心と思われていた。会社の儲けとは基本的に、売上という稼ぎから、それに要した出費を引いたものである。この売上という行為や稼ぎに要した出費までのすべてを、現金でやりとりすれば、わかりやすくはっきりする。

しかし会社は普通、ものを売ったり、サービスの提供をすると売上として計上するが、実際にはその場でお金が入ってくることは少ない。稼ぎに要した出費も計上するが、その場で支払うことも少ない。会社のお金の流れでは普通、モノやサービスの提供と代金の回収は同時には行われないのだ。

支払いの場合も同じである。

商売が成立して儲けも出ているのに、取引先が支払ってくれないと、会社には現金が不足することになる。

帳簿上の商売だけが進み、利益がいくら計上されても、現金がなければやはり会社は成り立っていかない。

利益も大事だが
お金のあるなしがもっと大事！

キャッシュフロー計算書

○○ 株式会社

自平成13年４月１日
至平成14年３月31日

(単位千円)

Ⅰ営業活動によるキャッシュフロー	
1．税引前当期利益	716,600
2．減価償却費	17,000
3．投資有価証券売却益	-35,000
4．土地売却益	-150,000
5．固定資産売却損	30,000
6．売上債権の増加額	-25,000
7．たな卸資産の減少額	30,000
8．仕入債務の増加額	28,000
9．その他の資産、負債の増減額	-25,000
営業活動によるキャッシュフロー	586,600
Ⅱ投資活動によるキャッシュフロー	
1．定期預金の払戻しによる収入	30,000
2．有形固定資産売却による収入	300,000
3．有形固定資産取得による支出	-1,500,000
4．投資有価証券取得による支出	-800,000
投資活動によるキャッシュフロー	-1,970,000
Ⅲ財務活動によるキャッシュフロー	
1．短期借入金の純減少額	-300,000
2．長期借入れによる収入	1,500,000
3．長期借入金の返済による支出	-300,000
4．配当金の支払額	-150,000
財務活動によるキャッシュフロー	750,000
Ⅳ現金及び現金等価物の増減額	-633,400
Ⅴ現金及び現金等価物の期首残高	730,400
Ⅵ現金及び現金等価物の期末残高	97,000

次のページに
注目！

お金の入りを＋、出を－で表わす

給料が払えなくなって社員が辞めてしまったり、仕入ができなくなってしまったり、設備投資ができなくなったり、手形の期限が来ても支払えなくなったり。現金が不足すると会社は、こうしたピンチに直面することになる。特に、手形が落ちないと銀行取引停止となり、事実上の倒産という事態になってしまう。

だからこそ、会社に現金があるかどうかが、大きな注目点となるのだ。

会社に今、現金がいくらあるのか？　毎日は正確に追えないとしても、会計期の初めと終わりにいくらあり、それがどれくらい増減したかを見ることは必要。それを表す決算書がキャッシュフロー計算書。２０００年3月から導入された国際会計基準でも、この計算書を重視していて、これからの会社判断には欠かせないもの。サラリーマン生き残りには、キャッシュフロー計算書が不可欠なのである。

キャッシュフロー《きゃっしゅふろー》

現金の収入と支出の流れをいう。

現金《げんきん》

決算書上では、文字通りの現金である貨幣や、すぐ貨幣に換えられる小切手・手形・郵便為替証書など。

国際会計基準《こくさいかいけいきじゅん》

投資家への情報開示を特徴とする、文字どおり国際的な会計基準。企業の価値を時価で判断する点も特徴で、独自の会計基準を通してきた日本も２０００年3月期から導入している。連結決算になったのも、この影響だ。

●キャッシュがない＝会社の危機

要点はココ!!

キャッシュがない
＝取引先が離れる
＝社員が逃げる

キャッシュがないとどうなるのか？

①給料が払えない
信用がなくなり
社員も雇えない

②仕入ができない
取引先との信頼関係が崩れ、
商取引ができない

③設備投資ができない
製品の開発、
工場の建設ができない

④手形が落ちない
銀行から取引を停止され、
倒産の危機に

42 キャッシュフローは3つにわけて考える

お金の流れの中身を知りたい

キャッシュフロー計算書は営業活動によるキャッシュフロー、投資活動によるキャッシュフロー、財務活動によるキャッシュフローで構成されている。

営業活動によるキャッシュフローは、本業によるキャッシュの流入と流出の差額である。正確には、営業活動に関わる債権、債務から発生するキャッシュフローなども含むが、原則として、本業でいくらお金が増えたかを知る項目と覚えてしまおう。本業でのお金の流れである以上、やはり増えていないと困る項目でもある。

投資活動によるキャッシュフローは、固定資産の取得や売却、資金の貸付けや回収によるお金の流れを表わす項目である。どんな会社も、将来の利益確保のために買い物をしたり投資をしたりするもので、これを積極的に行わないのはやはり問題だろう。この項目は将来を見据え

営業、投資、財務の3つでお金の流れを知る

キャッシュフロー計算書

○○ 株式会社

自平成13年４月１日
至平成14年３月31日

(単位千円)

Ⅰ営業活動によるキャッシュフロー		ア
1．税引前当期利益	716,600	
2．減価償却費	17,000	
3．投資有価証券売却益	-35,000	
4．土地売却益	-150,000	
5．固定資産売却損	30,000	
6．売上債権の増加額	-25,000	
7．たな卸資産の減少額	30,000	
8．仕入債務の増加額	28,000	
9．その他の資産、負債の増減額	-25,000	
営業活動によるキャッシュフロー	586,600	
Ⅱ投資活動によるキャッシュフロー		イ
1．定期預金の払戻しによる収入	30,000	
2．有形固定資産売却による収入	300,000	
3．有形固定資産取得による支出	-1,500,000	
4．投資有価証券取得による支出	-800,000	
投資活動によるキャッシュフロー	-1,970,000	
Ⅲ財務活動によるキャッシュフロー		ウ
1．短期借入金の純減少額	-300,000	
2．長期借入れによる収入	1,500,000	
3．長期借入金の返済による支出	-300,000	
4．配当金の支払額	-150,000	
財務活動によるキャッシュフロー	750,000	
Ⅳ現金及び現金等価物の増減額	-633,400	エ
Ⅴ現金及び現金等価物の期首残高	730,400	
Ⅵ現金及び現金等価物の期末残高	97,000	

次のページに注目！

ア 営業活動によるキャッシュフロー

イ 投資活動によるキャッシュフロー

ウ 財務活動によるキャッシュフロー

エ 期首と期末とその増減

るものでもあり、むしろマイナスになる方が安心だ。

財務活動によるキャッシュフローは、キャッシュの不足をどう手当したかを表わす項目である。短期、長期の借入だけでなく、社債を発行したり、増資という形で株式の発行をしたりという様子がわかる項目である。借入の返済や社債の償還など、いわゆる借金の返済にあたるお金の流れもここで示されている。積極的に借金の返済をした場合などは、マイナスになることもあり、必ずしもプラスの必要はない。

この3つのフローは、会社の現金の動きとその中身を分析したもので、数字自体は貸借対照表、損益計算書から引っ張ってくる形で記載されている。そして会計期の期首と期末の額を算出、その増減を明記することでキャッシュフロー計算書が成立する。このしくみだけでも、きちんと頭に入れておきたい。

債権《さいけん》

特定の人に対して、一定の支払を請求できる権利。貸付金や未収の売上金など、財産権のひとつ。

債務《さいむ》

特定の人に対して、一定の支払をしなければならない義務。借入金や未払い金など。

固定資産《こていしさん》

1年を超えて所有したり、使用する資産のことをいう。有形固定資産、無形固定資産、投資等の3つに区分される。

●キャッシュフロー計算書の中身はこうだ

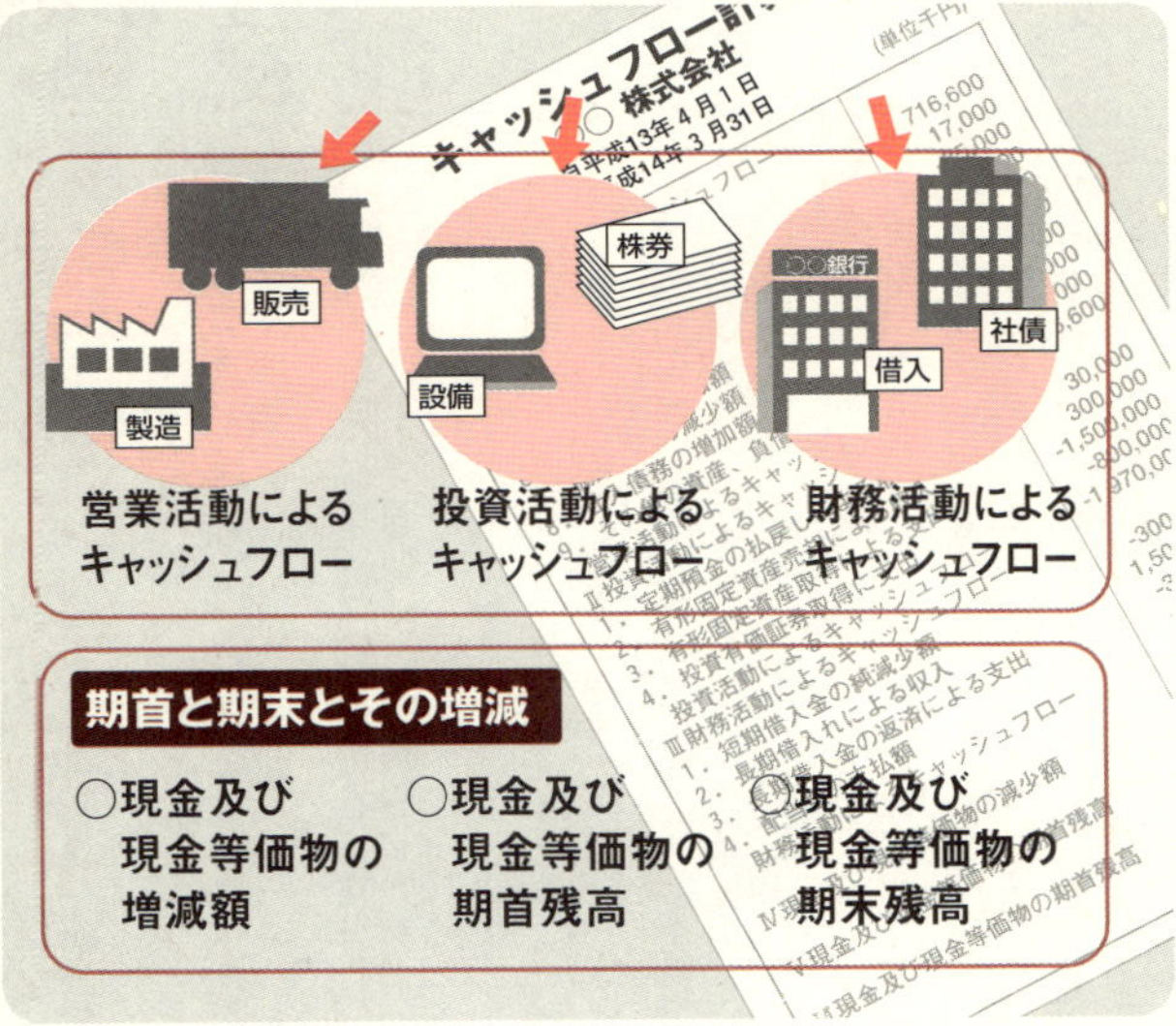

増《ぞう》資《し》
資金調達や資本構成の是正のため、会社が資本金を増やすこと。株主などから資金の払い込みを受ける有償増資と、払い込みをともなわない無償増資がある。

現金等価物《げんきんとうかぶつ》（現金同等物《げんきんどうとうぶつ》）
決算書上で現金とみなされるもの。期間3カ月以内の短期手形、定期預金など。

社債《しゃさい》の償還《しょうかん》
株式会社が長期の資金調達のために発行する、確定した利息の付く債務証券である社債の、元利を合計して証券を買い戻すこと。

43 営業活動によるキャッシュフローとは？

会社本来の事業による
お金の出入りがわかり、
もっとも重要な数字

額が大きければ大きいほど安全な会社

商品の製造、販売、またはサービスの提供など、会社が本業から生み出すキャッシュの量、そしてそれを行うのに要した支払い金の総計を表わすのが、営業活動によるキャッシュフローである。基本的に外部からの資金調達に頼ることなく、営業を順調に進め、新規投資や借入金の返済、配当金などの支払いに投ずるお金を、本業からどれくらい得たかを示している。

ちょっと難しい表現になったが、かみ砕いて言うと、売上、仕入、経費などの本業での営業活動上の収入と支出をまとめた部分となる。

ただし、実際にキャッシュフロー計算書を見ると、項目名が会社ごとに異なっていることに気がつくだろう。業務の内容や、数字の出所となる貸借対照表、損益計算書のまとめ方の違いにより、言葉がさまざまになるからだ。「固定

キャッシュフロー計算書

○○ 株式会社

自平成13年４月１日
至平成14年３月31日

(単位千円)

Ⅰ営業活動によるキャッシュフロー		ア
1．税引前当期利益	716,600	
2．減価償却費	17,000	
3．投資有価証券売却益	-35,000	
4．土地売却益	-150,000	
5．固定資産売却損	30,000	
6．売上債権の増加額	-25,000	
7．たな卸資産の減少額	30,000	
8．仕入債務の増加額	28,000	
9．その他の資産、負債の増減額	-25,000	
営業活動によるキャッシュフロー	586,600	
Ⅱ投資活動によるキャッシュフロー		イ
1．定期預金の払戻しによる収入	30,000	
2．有形固定資産売却による収入	300,000	
3．有形固定資産取得による支出	-1,500,000	
4．投資有価証券取得による支出	-800,000	
投資活動によるキャッシュフロー	-1,970,000	
Ⅲ財務活動によるキャッシュフロー		ウ
1．短期借入金の純減少額	-300,000	
2．長期借入れによる収入	1,500,000	
3．長期借入金の返済による支出	-300,000	
4．配当金の支払額	-150,000	
財務活動によるキャッシュフロー	750,000	
Ⅳ現金及び現金等価物の増減額	-633,400	エ
Ⅴ現金及び現金等価物の期首残高	730,400	
Ⅵ現金及び現金等価物の期末残高	97,000	

ア 営業活動によるキャッシュフロー

本業によるお金の増減を表わす項目。健全な会社はここが必ずプラスである。

次のページに
注目！

資産売却損」としている会社があるかと思えば、「有形固定資産売却損」「無形固定資産売却損」などと細かく分けているところもあり、統一性がまったくない。

が、こんなことに引っかかる必要はまるでない。

サラリーマンがキャッシュフロー計算書を見るときは、営業活動によるキャッシュフローの合計額だけをチェック。これが大きくプラスなら、本業がしっかりしているいい会社と判断できる。とくに前期より一段と数字が伸びている場合には、今後がより期待できる会社と見ていいだろう。

逆にこの営業活動によるキャッシュフローがマイナスの場合、本業が不調で現金不足に苦しんでいることを示している。

ともかくキャッシュフロー計算書のなかで、最も重要な数字と覚えておけばいい。

営業活動《えいぎょうかつどう》
販売や仕入など、本業にかかわる活動のこと。

配当金《はいとうきん》
株主などに分配される利益金。株式配当金や保険配当金など。

売《うり》上《あげ》
会社が営業活動によって得た収益のこと。会社は商品を販売したりサービスを提供したりするが、そこから得られる収入すべてのことをいう。

ア 営業活動によるキャッシュフロー

要点はココ!!

- 主に売上、仕入、経費など営業活動上の収入と支出をまとめた部分
- ただし各会社の個々のキャッシュフロー計算書ごとに、言葉がさまざまなのでわかりづらい
- 例えば――「固定資産売却損」「有形固定資産売却損」など、統一的な言葉が使われていない

COLUMN

サラリーマンは営業活動によるキャッシュフローだけを見ればいい？

キャッシュフロー計算書は、会社のビジネスがどれくらいの現金を生んでいるのかを示す決算書である。といっても、普通のサラリーマンは詳細を見る必要はあまりなさそう。かんたんにチェックするだけでいいというなら、営業活動によるキャッシュフローの合計だけを見るのが手っ取り早い。この数字が大きい場合は、いい会社だと断言していい。

44 投資・財務によるキャッシュフローとは？

財務活動が大きくなりすぎると危ない会社だ！

投資活動によるキャッシュフローは、主に固定資産や投資有価証券の取得や売却、資金の貸付けや回収によるお金の流れをまとめた部分である。

財務活動によるキャッシュフローは、キャッシュの不足をどう手当したかをまとめた部分。短期、長期の借入や、社債の発行、株式を発行して増資するといった、資金調達とその返済にあたるお金の流れも示している。

その総額だが、営業活動によるキャッシュフローに比較して、どちらも小さい方が望ましいとされる。

もう少し細かく説明すると、営業活動によるキャッシュフローはプラスが原則で、その総額が大きければ大きいほどいい。一方、投資活動によるキャッシュフローと財務活動によるキャ

営業が8なら投資1、財務1程度がちょうどいい

キャッシュフロー計算書

○○ 株式会社

自平成13年４月１日
至平成14年３月31日
(単位千円)

Ⅰ営業活動によるキャッシュフロー		
1．税引前当期利益	716,600	
2．減価償却費	17,000	
3．投資有価証券売却益	-35,000	
4．土地売却益	-150,000	
5．固定資産売却損	30,000	
6．売上債権の増加額	-25,000	
7．たな卸資産の減少額	30,000	ア
8．仕入債務の増加額	28,000	
9．その他の資産、負債の増減額	-25,000	
営業活動によるキャッシュフロー	586,600	
Ⅱ投資活動によるキャッシュフロー		
1．定期預金の払戻しによる収入	30,000	
2．有形固定資産売却による収入	300,000	
3．有形固定資産取得による支出	-1,500,000	イ
4．投資有価証券取得による支出	-800,000	
投資活動によるキャッシュフロー	-1,970,000	
Ⅲ財務活動によるキャッシュフロー		
1．短期借入金の純減少額	-300,000	
2．長期借入れによる収入	1,500,000	
3．長期借入金の返済による支出	-300,000	ウ
4．配当金の支払額	-150,000	
財務活動によるキャッシュフロー	750,000	
Ⅳ現金及び現金等価物の増減額	-633,400	
Ⅴ現金及び現金等価物の期首残高	730,400	エ
Ⅵ現金及び現金等価物の期末残高	97,000	

イ 投資活動によるキャッシュフロー

将来を見据えた固定資産の購入・売却などによるお金の増減を表わす。

ウ 財務活動によるキャッシュフロー

借入やその返済など、キャッシュの不足を補うお金の増減がわかる。

次のページに注目！

ッシュフローはマイナスでも構わないが、その総額はやや小振りであって欲しいのだ。

会社の規模や営業内容によって事情は異なるが、通常、営業活動によるキャッシュフロー8に対して、投資活動によるキャッシュフロー、財務活動によるキャッシュフローが、ともに1程度のスケールに収まるのが理想とされている。

キャッシュはやはり、本業を中心に動いていくのが理想形なのである。

左下の図にあるように、営業活動によるキャッシュフローが小さく、財務活動によるキャッシュフローが大きくプラスだと、危ない会社と判断するべきだろう。

ひとつひとつのキャッシュフローが、プラスかマイナスかのチェックとともに、その額の規模を比較する。キャッシュフロー計算書は、このように活用すればいいのだ。

投資活動《とうしかつどう》
固定資産や株・債券などの購入と売却など。

財務活動《ざいむかつどう》
借入や借入金返済、増資といった活動のこと。

借入《かりいれ》
決算書上での「お金」を借りること。「しゃくにゅう」という場合も。

イ 投資活動によるキャッシュフロー

要点はココ!!

●固定資産や投資有価証券（株や債券）の購入や売却による資金の増減をまとめた部分

ウ 財務活動によるキャッシュフロー

●借入金や社債の発行、株式の発行や配当金の支払いなどによる資金の増減をまとめた部分

●営業活動と投資、財務活動の関係

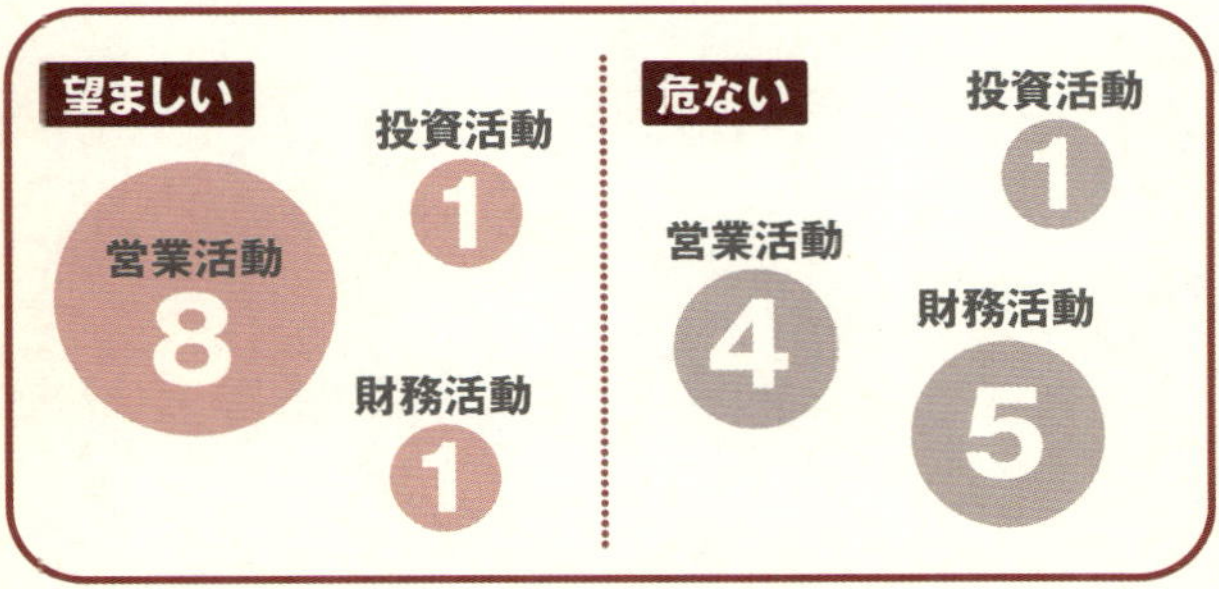

45 キャッシュフローで危ない会社がわかる

危ない会社を手っ取り早く見つける

キャッシュフロー計算書は3つのフローから成り立っているが、そのすべてのフローがプラスであることが理想ではない。むしろ3つともプラスの企業はこれまでの業績がもうひとつで、さまざまな資金注入で建て直しを計っている会社だということになる。

本業がプラスなのでまずは安心だが、営業・投資・財務の大きさが、理想とされる8対1対1にはなっていないはずで、借金経営の体質から脱していないことを示す場合が多い。

「超優良企業」はその比率が8対1対1である上に、営業活動によるキャッシュフローがプラスで、残る2つはマイナスという形になるはずである。

3つのフローをプラスとマイナスでわけるため、全部で8パターンがあるが、一般的には次ページの表に示した6つのパターンを知ってお

超優良企業から倒産目前企業まで会社の姿がありありとわかる!

キャッシュフロー計算書

○○ 株式会社

自平成13年４月１日
至平成14年３月31日　　(単位千円)

Ⅰ営業活動によるキャッシュフロー		ア
1．税引前当期利益	716,600	
2．減価償却費	17,000	
3．投資有価証券売却益	-35,000	
4．土地売却益	-150,000	
5．固定資産売却損	30,000	
6．売上債権の増加額	-25,000	
7．たな卸資産の減少額	30,000	
8．仕入債務の増加額	28,000	
9．その他の資産、負債の増減額	-25,000	
営業活動によるキャッシュフロー	586,600	
Ⅱ投資活動によるキャッシュフロー		イ
1．定期預金の払戻しによる収入	30,000	
2．有形固定資産売却による収入	300,000	
3．有形固定資産取得による支出	-1,500,000	
4．投資有価証券取得による支出	-800,000	
投資活動によるキャッシュフロー	-1,970,000	
Ⅲ財務活動によるキャッシュフロー		ウ
1．短期借入金の純減少額	-300,000	
2．長期借入れによる収入	1,500,000	
3．長期借入金の返済による支出	-300,000	
4．配当金の支払額	-150,000	
財務活動によるキャッシュフロー	750,000	
Ⅳ現金及び現金等価物の増減額	-633,400	
Ⅴ現金及び現金等価物の期首残高	730,400	エ
Ⅵ現金及び現金等価物の期末残高	97,000	

次のページに
注目！

けばいい。これと照らし合わせることで、かんたんに会社の経営状態を判断できるのである。

ともかく営業活動によるキャッシュフローがプラスならまず安心。＋−か、＋−＋であればこの厳しい経済状況でも生き抜いていける力があると判断していいだろう。

残る4パターンだが、＋＋−の「出直し型企業」はまずまずとしても、営業活動によるキャッシュフローがマイナスでは、危険な会社と分類せざるを得ない。

最悪なのは−＋＋のパターンで、こうなるともはや会社としての形を成していない。「お前は既に死んでいる!?」と分類したが、現実の会社はこうなる前に倒産しているはずだ。

キャッシュフロー計算書で危ない会社を見分ける方法として、この表を利用するのがベター。特に㋐営業活動によるキャッシュフローがマイナスの会社は、要注意と覚えておこう！

優良企業《ゆうりょうきぎょう》

業績が好調で経営状態が安定している企業。営業活動、投資活動、財務活動によるキャッシュフローの割合が8対1対1で、営業活動によるキャッシュフローが＋、投資・財務活動によるキャッシュフローが−であれば、まさに理想的な優良企業といえる。

危ない会社《あぶないかいしゃ》

経営状態が悪化し、あわや倒産目前の企業。営業活動に比べ、投資活動や財務活動のキャッシュフローの割合が高く、営業活動によるキャッシュフローが−だと危ない企業の確率が高い。

要点はココ!!

＋と－の関係でここまでわかる！

	ア	イ	ウ	
お前は既に死んでいる!?	－	＋	＋	
最後のあがき型企業	－	＋	－	半分死にかけているが、借金棒引きなどで生き残りを模索？
一発逆転期待企業	－	－	＋	経営的にはほめられないが、借金がうまく減らせれば…
出直し型企業	＋	＋	－	苦境を脱して経営が上向きな企業にこの形が多い
積極的発展企業	＋	－	＋	やや借金体質なのが気になるが、攻めの姿勢で設備投資をしている？
優良企業	＋	－	－	この形で、アイウが8対1対1の割合なら超優良だ！

46 ダイエーのキャッシュフローを見てみよう

ニュースで伝えられるほど悪くないぞ！

経営不振が伝えられるダイエーの、最近のキャッシュフロー計算書を比較してみてみよう。

２００１年（13年）２月期には、営業活動によるがマイナスで、投資活動によるがプラス、そして財務活動によるがマイナスだった。これは「最後のあがき型企業」が示すキャッシュフロー計算書の形。確かにいわれているとおり、ダイエーの経営はピンチだったのである。

だが、２００１年（13年）８月の中間期決算では、営業活動によるがプラスに転じ、＋＋－という形に変化した。この形は「出直し型企業」のもので、ダイエーの将来に明かりが見え始めたと判断していい。

このようにキャッシュフロー計算書では、現金類の動きがはっきりすることで、経営の善し悪しを見抜けるのである。

お金の動きがよくなった。キャッシュフローが証明！

ダイエーの連結キャッシュフローの状況

（単位：百万円）

	14年8月中間期	13年8月中間期	13年2月期
営業活動によるキャッシュフロー	61,435	30,249	△13,273
投資活動によるキャッシュフロー	6,503	99,613	209,033
財務活動によるキャッシュフロー	△39,826	△242,213	△245,285

要点はココ!!

− ＋ − 最後のあがき型企業から
＋ ＋ − 出直し型企業へ改善！

多くの借金返済に苦しむダイエーだが、売上げ自体は悪くなく、粗利益も粗利益率も合格になった。これで、営業活動によるキャッシュフローがプラスになったのが大きく、再建への体制が整おうとしている!?

47 これからは連結決算だ

ソニーの主な連結子会社を、一覧表にした

ソニー生命保険、ソニー損害保険などという、エレクトロニクス事業とは関係なさそうな会社がある。一方で、ハードからソフトへと、ソニー本体が戦略の機軸を移そうとするための前線部隊も。音楽産業のソニー・ミュージックエンターテイメントや、映像産業のソニー・ピクチャーズエンタテインメントという会社がそれにあたる。

注目の1社はアイワだ。

２００２年2月、経営危機にあった、液晶テレビやＤＶＤ／ＣＤプレイヤーのメーカーのアイワを、ソニーが１００％子会社にすることになった。いわば同業社を子会社にしたのだが、ソニーが従来手がけていたハード部門を、将来はアイワが引き受けることになるのかも知れない。

連結決算は世界の常識 日本でも決算新時代が始まった！

■ソニーの主な連結子会社

アイワ(株)
ソニーイーエムシーエス(株)
(株)フロンテッジ
ソニーインフォメーションシステムソリューションズ（株）
ソニー企業(株)
ソニーケミカル(株)
ソニーコミュニケーションネットワーク(株)
(株)ソニー・コンピュータエンタテインメント
ソニーコンポーネント千葉(株)
ソニー白石セミコンダクタ(株)
ソニー生命保険(株)
ソニーセミコンダクタ九州(株)
ソニー損害保険(株)
ソニー栃木(株)
ソニートレーディングインターナショナル(株)
ソニー浜松(株)
(株)ソニー・ピクチャーズエンタテインメント
ソニーピーシーエル(株)
ソニー・ヒューマンキャピタル（株）
(株)ソニーファイナンスインターナショナル
ソニーファシリティマネジメント（株）
ソニー福島(株)
(株)ソニープラザ
ソニープレシジョンテクノロジー(株)
ソニーブロードバンドソリューション（株）
(株)ソニー・放送メディア
ソニーマーケティング(株)
ソニーマニュファクチュアリングシステムズ(株)
ソニー宮城(株)
(株)ソニー・ミュージックエンタテインメント
ソニーロジスティックス(株)

ソニー生命もアイワも
ソニー・ミュージックエンタテインメントも
連結だったんだ！

アイワの子会社化にはいくつかの条件があった。それまでの連結固定費を、約3分の1に削減するなどがそれで、アイワ本社の社員（1200人）を3分の2以下に減らすなど、「痛みを伴う構造改革」が求められたのだ。ちょっと専門的だが、連結という形で決算書をともにする子会社には、細かい条件、規定があるのだ。それでも子会社との会計の連結を決め、決算書を作るのは世界の流れでもあるからだ。連結決算になると、親会社の損失を子会社へ押しつけたり、親会社の大きな利益を隠したりできなくなる。株主の利益を守ると同時に、会社への社会的信頼を大きくすることにつながる。

ほとんどの会社の決算要旨公告は、連結ではなく単体（親会社のみの決算書）だが、ソニーは要旨公告にも連結決算書を併記している。もちろん他の上場会社も、ウェブや営業報告書には連結の決算書も公表している。

連結決算《れんけつけっさん》
親会社を頂点とする子会社を含め、グループ全体で行う決算のこと。

単独決算《たんどくけっさん》
企業グループ全体で決算を行う連結決算に対して、親会社や子会社などが個別に行う決算のこと。

上場企業《じょうじょうきぎょう》
株式市場の一部または二部に株式を公開している企業のこと。店頭公開企業は、厳密にいえば上場企業ではない。

要点はココ!!

■連結決算でわかる企業グループの危険度

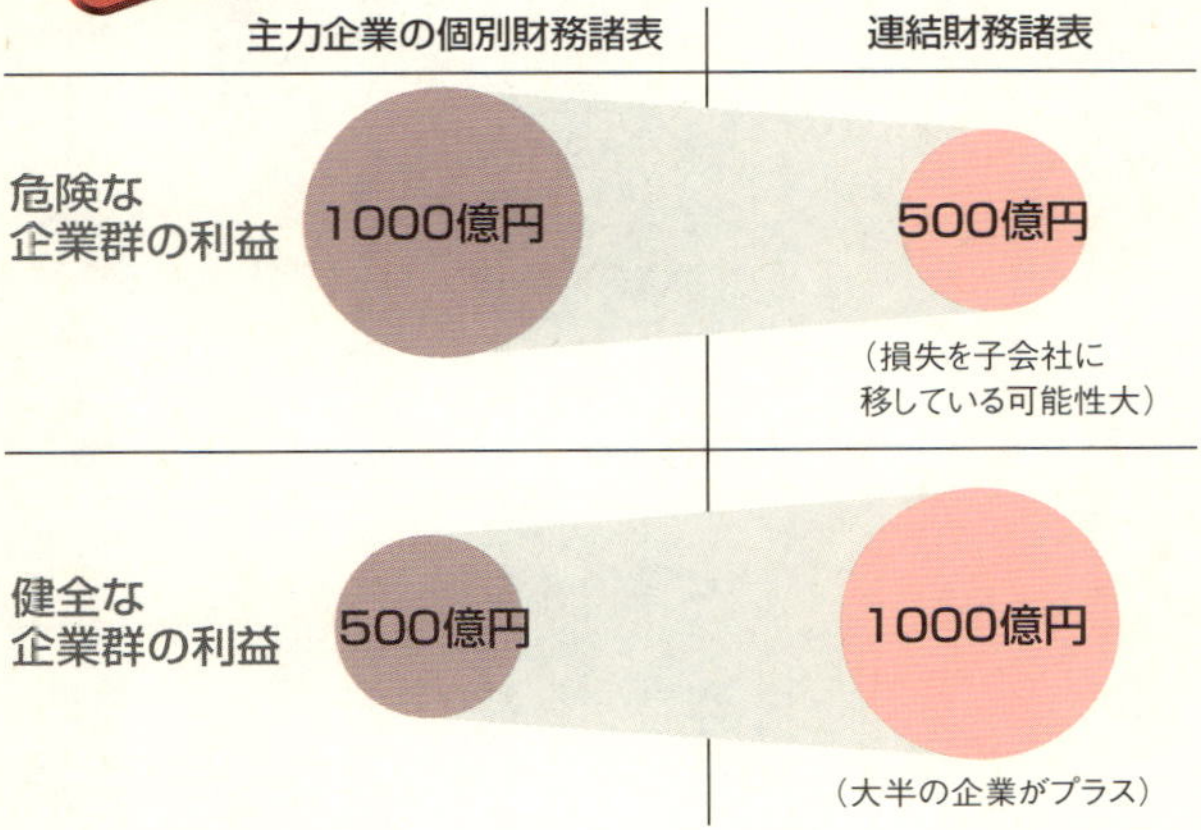

連結財務諸表《れんけつざいむしょひょう》
連結貸借対照表、連結損益計算書、連結キャッシュフロー計算書の三表のほか、連結剰余金計算書や連結附属明細表などからなる、グループ決算の諸書類。

連結固定費《れんけつこていひ》
売上の増減に関係なく発生する人件費、減価償却費、金融費用を企業グループ全体で合わせたもの。

48 ソニーの決算書を見てみよう

経営体質の変化を決算書の数字が語る

基本的に決算書は、会社の経営状態を見るための書類である。売上が伸びたか、利益が増えたか、借金はどうなったか……、などを数字から判断できるからである。

しかしそれ以外にも、決算書から見えてくるものはある。例えば、経営体質の変化も読みとれなくはない。

古くはトランジスタラジオ、テープレコーダーで世界進出を果たしたソニー。最近では、ゲーム機「プレイステーション2」をヒットさせ、ハードのメーカーというイメージが強かった。だがハードからソフトへ、世界市場の注目点も移行している時代。ソニーもまた、ハードからソフトへ、会社の顔を変化させている。そんな動きを示すのが、「繰延映画製作費」「金融ビジネス収入」などの項目の登場なのである。

ハード中心からソフト中心へ決算書が熱く語る!

SONY

平成13年度決算公告

平成14年6月21日

東京都品川区北品川6丁目7番35号
ソニー株式会社
代表取締役　出井伸之

貸借対照表の要旨
（平成14年3月31日現在）

（単位：億円）

科目	金額
流動資産	9,430
現金・預金	278
受取手形・売掛金	4,437
たな卸資産	488
その他	4,248
貸倒引当金	△21
固定資産	26,591
（有形固定資産）	(2,222)
建物	904
機械・装置	528
土地	315
その他	474
（無形固定資産）	(834)
（投資等）	(23,534)
子会社株式・出資金	20,376
その他	3,183
貸倒引当金	△25
繰延資産	0
資産合計	36,022

科目	金額
流動負債	10,246
支払手形・買掛金	3,759
その他	6,487
固定負債	7,065
社債	3,274
転換社債	3,181
退職給付引当金	586
その他	22
負債合計	17,311
資本金	4,761
資本剰余金	6,642
利益剰余金	7,309
（うち当期利益）	(296)
株式等評価差額金	△0
自己株式	△1
資本合計	18,711
負債・資本合計	36,022

損益計算書の要旨
（平成13年4月1日から平成14年3月31日まで）

（単位：億円）

科目	金額
売上高	26,441
売上原価	23,172
販売費・一般管理費	3,799
営業損失	529
営業外収益	1,660
営業外費用	1,191
経常損失	61
税引前当期損失	61
法人税・住民税・事業税	13
法人税等調整額	△371
当期利益	296
前期繰越利益	283
合併による子会社株式消却損	35
中間配当金	114
当期未処分利益	428

（注）1. 有形固定資産から控除した減価償却累計額は3,428億円であります。
2. 1株当りの当期利益は32円22銭であります。

（ご参考）

連結貸借対照表
（平成14年3月31日現在）

（単位：億円）

科目	金額
流動資産	33,372
現金・定期預金	6,889
有価証券	1,621
受取手形・売掛金（貸倒・返品引当金控除後）	12,428
棚卸資産	6,734
その他	5,698
繰延映画製作費	3,130
投資・貸付金	16,978
有形固定資産（減価償却累計額控除後）	14,116
その他の資産	14,260
無形固定資産	2,456
営業権	3,172
繰延保険契約費	3,082
その他	5,549
資産合計	81,857

科目	金額
流動負債	25,584
短期借入金	1,132
1年以内に返済期限の到来する長期借入債務	2,407
支払手形・買掛金	7,676
未払金・未払費用	8,695
未払法人税・その他の未払税金	1,054
銀行ビジネスにおける顧客預金	1,064
その他	3,553
固定負債	32,335
長期借入債務	8,386
未払退職・年金費用	2,990
繰延税金	1,595
保険契約債務その他	16,804
その他	2,558
少数株主持分	233
資本	23,704
資本金	4,761
資本準備金	9,682
利益剰余金	12,092
累積その他の包括利益	(2,755)
自己株式	75
負債・資本合計	81,857

連結損益計算書
（平成13年4月1日から平成14年3月31日まで）

（単位：億円）

科目	金額
売上高・営業収入	75,782
純売上高	70,587
金融ビジネス収入	4,833
営業収入	351
売上原価・販売費・一般管理費	74,436
売上原価	52,395
販売費・一般管理費	17,428
金融ビジネス費用	4,611
営業利益	1,346
その他の収益	963
その他の費用	1,381
税引前利益	927
法人税等	652
少数株主損益、持分法による投資損失・会計原則変更による累積影響額前利益	275
少数株主損失	162
持分法による投資損失（純額）	344
会計原則変更による累積影響額前利益	93
会計原則変更による累積影響額（平成13年度・税効果2,975百万円控除後）	59
当期純利益	153

（注）当年度末の連結子会社は1,068社、持分法適用会社は98社であります。

ソニーのソフト戦略が見えた！

ソニー

要点はココ!!

繰延映画製作費
3130億円

金融ビジネス収入
4833億円

49 アサヒとキリンの決算書を見てみよう

アサヒの躍進にキリンも反撃！

かつてはキリンがガリバー的存在だったビール業界。ドライ・ビールのブームで、アサヒがキリンを逆転するまでに急成長した。だがそのアサヒも、発泡酒という節税で価格を安くしたアルコール飲料で出遅れ。その間隙を突いてキリンが逆襲するなど、2社の首位争いは激化する一方。

今期、売上で首位奪還したキリンだが、利益は40%近くも減らしている。

対して、長年の借金も整理されて、大きな利益を生み始めたアサヒ。来期は、売上だけでなく、税引前当期利益での首位の座も狙っていると考えられる。

■首位入れ替わり？

わ 売上高

	前　期	当　期
アサヒ	1兆546億円	1兆1219億円
キリン	1兆667億円	1兆284億円

え 税引前当期利益

	前　期	当　期
アサヒ	−148億円	174億円
キリン	547億円	340億円

ビール戦争まだまだ続く！

第78期決算公告

平成14年3月29日

東京都中央区京橋三丁目7番1号
Asahi アサヒビール株式会社
代表取締役社長 池田弘一

貸借対照表の要旨
(平成13年12月31日現在)

(単位：百万円)

資産の部		負債及び資本の部	
科目	金額	科目	金額
流動資産	337,893	流動負債	498,713
現金及び預金	1,921	支払手形	378
受取手形	15,125	買掛金	47,983
売掛金	197,049	短期借入金	70,500
棚卸資産	45,563	社債(1年以内償還予定)	48,419
繰延税金資産	3,300	未払金	24,533
その他	79,715	未払酒税	138,956
貸倒引当金	△4,782	預り金	78,988
固定資産	810,325	その他	88,953
有形固定資産	569,267	固定負債	261,185
建物・構築物	190,590	社債	165,448
機械及び装置	181,863	長期借入金	41,500
土地	133,367	長期未払金	1,800
その他	63,445	長期預り金	33,607
無形固定資産	7,953	退職給付引当金	18,829
投資等	233,104	負債合計	759,898
投資有価証券	64,132	資本金	182,530
子会社株式	71,342	法定準備金	198,590
長期貸付金	45,907	剰余金	7,798
繰延税金資産	26,057	(うち当期利益)	(7,259)
その他	43,499	自己株式	△598
貸倒引当金	△17,836	資本合計	388,320
資産合計	1,148,219	負債・資本合計	1,148,219

損益計算書の要旨
(平成13年1月1日から
平成13年12月31日まで)

(単位：百万円)

科目	金額	
売上高	1,121,920	わ
売上原価	827,175	
販売費及び一般管理費	216,373	
営業利益	78,371	
営業外収益	2,717	
営業外費用	18,353	
経常利益	62,735	
特別利益	1,824	
特別損失	47,133	
税引前当期利益	17,426	え
法人税、住民税及び事業税	22,750	
法人税等調整額	△12,582	
当期利益	7,259	
前期繰越利益	736	
中間配当額	3,032	
利益準備金積立額	303	
当期未処分利益	4,659	

(注) 1. 有形固定資産の減価償却累計額　316,666百万円
2. 1株当たりの当期利益　14円39銭

KIRIN 第163期決算公告

平成14年3月29日

東京都中央区新川二丁目10番1号
麒麟麦酒株式会社
取締役社長 荒蒔康一郎

貸借対照表の要旨
(平成13年12月31日現在)

(単位：億円)

(資産の部)		(負債の部)	
流動資産	3,677	流動負債	3,157
現金及び預金	897	支払手形	7
受取手形	30	買掛金	376
売掛金	1,835	未払酒税	1,171
有価証券	75	未払費用	404
棚卸資産	309	預り金	628
金銭の信託	174	その他	569
その他	354	固定負債	2,441
固定資産	8,840	社債	700
有形固定資産	4,198	長期借入金	10
建物構築物	1,458	受入保証金	760
機械及び装置	1,307	退職給付引当金	859
土地	1,136	その他	110
その他	296	負債合計	5,598
無形固定資産	66	(資本の部)	
投資等	4,575	資本金	1,020
投資有価証券	3,064	法定準備金	963
子会社株式出資金	548	剰余金	4,744
その他	961	任意積立金	4,101
		当期未処分利益	642
		(うち当期利益)	(193)
		その他有価証券評価差額金	191
		自己株式	△　0
		資本合計	6,918
資産合計	12,517	負債及び資本合計	12,517

損益計算書の要旨
(平成13年1月1日から
平成13年12月31日まで)

(単位：億円)

科目	金額	
営業収益	10,284	わ
営業費用	9,934	
営業利益	349	
営業外収益	144	
営業外費用	48	
経常利益	445	
特別利益	172	
特別損失	278	
税引前当期利益	340	え
法人税、住民税及び事業税	226	
法人税等調整額	△　79	
当期利益	193	
前期繰越利益	507	
中間配当額	59	
当期未処分利益	642	

(注)
1. 有形固定資産に対する減価償却累計額　5,057億円
2. 1株当たり当期利益　19円69銭
3. 商法第290条第1項第6号に規定する純資産額　190億円

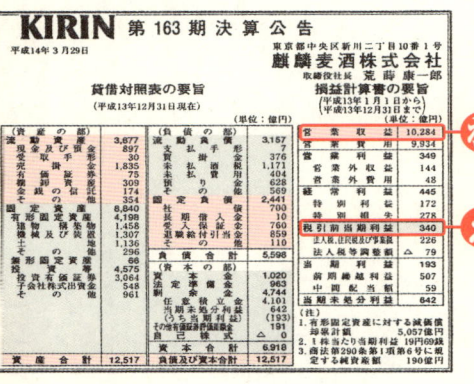

50 電通の決算書を計算してみよう

ちょっと風変わりな決算書

上場して間もない電通は、2002年3月に2回目の決算書公開をした。売上高が1兆400億円に達し、さすが日本最大の広告代理店と納得の額だ。

注目すべき数値は、商品回転率の91・6回転か。広告を扱うため、ほとんど在庫というものがなく、決算期末の仕掛り仕事（作業途中の未完成品）をたな卸資産に見立てて計算するとこうなるのだ。広告という特殊な業務であるからの、通常な企業には見られない決算書と考えていいだろう。

注目企業の数字はいかに？

	14.4%
	3.2%
	3.2%
	1.5回転
	116.2%
	102.4%
	3.8回転
	91.6回転
	3.0回転
	124.8%

貸借対照表要旨

（単位：百万円）

	科目	当期（平成14年3月期）
資産の部	流動資産	480,486
	固定資産	481,684
	繰延資産	—
	資産合計	962,170
負債及び資本の部	流動負債	413,283
	固定負債	163,027
	負債合計	576,310
	資本金	58,967
	法定準備金	56,081
	再評価差額金	4,642
	その他の剰余金	257,492
	その他有価証券評価差額金	9,894
	自己株式	△1,218
	資本合計	385,860
	負債及び資本合計	962,170

損益計算書要旨

（単位：百万円）

科目	当期（平成14年3月期）
売上高	1,433,300
売上総利益	207,801
営業利益	45,928
営業外収益	6,023
営業外費用	5,767
経常利益	46,184
特別利益	656
特別損失	5,428
税引前利益	41,412
当期純利益	23,072

	公式
粗利益率	あ粗利益（売上総利益）÷わ売上高×100
営業利益率	い営業利益÷わ売上高×100
経常利益率	う経常利益÷わ売上高×100
総資本回転率	わ売上高÷G負債・資本合計
流動比率	A流動資産÷D流動負債×100
当座比率	H当座資産÷D流動負債×100
売上債権回転率	わ売上高÷（K受取手形＋L売掛金）
商品回転率	わ売上高÷Iたな卸資産
固定資産回転率	わ売上高÷B固定資産
固定比率	B固定資産÷F資本×100

電通

【は】

【や】

【ら】

【さ】

【た】

【さ】

【あ】

【か】

宝島社
文　庫

私でも面白いほどわかる　決算書
（わたしでもおもしろいほどわかるけっさんしょ）

2002年12月9日　第1刷発行
2003年5月30日　第5刷発行

編　者　別冊宝島編集部
発行人　蓮見清一
発行所　株式会社 宝島社©
〒102-8388 東京都千代田区一番町25
電話：営業部 03(3234)4621／編集部 03(3239)0069
振替：00170-1-170829 (株)宝島社
印刷・製本　株式会社 廣済堂

ISBN4-7966-3006-6